電腦玩物站長的
筆記思考術

電腦玩物站長 Esor 著

創造與改變人生的筆記

我們在工作與生活中，常常面臨許多任務混亂、心情焦慮、時間不夠用的壓力。我們的時間，常常被許多破碎的事件，切割成一塊一塊的，導致我們無法專注。我們需要學習與整理的資料千頭萬緒，讓你覺得大腦快要爆炸，怎麼都整理不好。我要如何面對這樣的現實，還能夠保持高生產力呢？

這時候，關鍵在於不要一頭栽入那個混亂現實當中，而是從重新建構自己的思考開始，建立你所真心想要的行動計畫，然後你就能改變那個混亂的現實。如果你明知道前方就要爆炸，你還什麼都不想，那麼當然就會陷入無法控制的險境。

現實是如此，但你的行動決定了現實對你的影響，而你的行動又來自於「你的思考」。

思考，有創造與改變的可能性，而思考最好的方式，就是在你「如何做筆記」之中。因為筆記的價值，正是在創造自己全新的認知，從而不斷改變自己的計畫，讓自己在任何混亂現實中可以保持高生產力的思考方式。

這本書，不是要教你很基本的筆記工具，也不是要教你整理考試筆記、專案筆記、會議筆記的技巧，雖然有時我會提到這些範例。這一本書，就如同他的書名「筆記思考術」所說，是要分享如何在筆記中：

✓ 思考：創造你的認知，改變你的行動。

✓ 整理：讓混亂轉化成有效的行動方向。

✓ 選擇：製作你真心想要的目標計畫。

✔ 反省：累積能真正創造改變的經驗值。

　　本書分成四大章節，依序就是要教你「如何在筆記中思考人生？」、「如何在筆記中整理目標？」、「如何在筆記中選擇有效行動？」、「如何在筆記中累積反省與改變的能量？」

　　我期許這本書，是一本「教你如何做人生筆記」的專書，而人生筆記的目的，則在於創造你對現實更積極的認知，因此能改變你的情緒、行動和生產力。

創造思考，行動改變

　　當然，這不會是一本勵志的書（但可能有勵志效果）。這會是一本「實作」的書，書裡的方法，都是我多年來實際驗證過，在我的生活與工作中執行的筆記方法，並且是那些最有效，最能創造改變的方法。我會講自己的真實案例，我會毫不藏私地把具體的作法，和你可以怎麼開始上手的建議，當然還有背後的理論思考，都一一在這本書中分享。

　　而書裡的章節順序，是有意義的，是我認為建立這個筆記系統的一個最好流程，先從改變思考開始，然後可以做出有效整理，從而能夠選擇有價值行動，並在行動中持續反省累積能量，進而又回到思考的改變。

　　希望大家都可以在這本《電腦玩物站長的筆記思考術》中，開始撰寫創造改變的人生筆記。

電腦玩物站長 Esor
寫於即將開始的 2018 年

一, 筆記技巧

以改變為起點的輸入

二，筆記整理

以行動為目標做選擇

三 , 時間筆記

以自我為子彈的計畫

四, 人生筆記

以經驗為成長的階梯

一、

筆記技巧

以改變為起點的輸入

筆記不是記錄，而是創造對你有益的認知，改變你對經驗的記憶。

你不需要筆記所有的東西，因為你不是用筆記記錄人生，而是在重組人生。

思考問題，就能改變問題對我的影響，才能引發自我改變的行動。

筆記總結於行動，但寫下來不一定會實現，除非你寫的夠清楚。

筆記雖是筆記你所想，但光想卻不行！你要先動手寫，然後才能想得透徹。

過去的事情沒有被精煉，就沒辦法被未來利用。

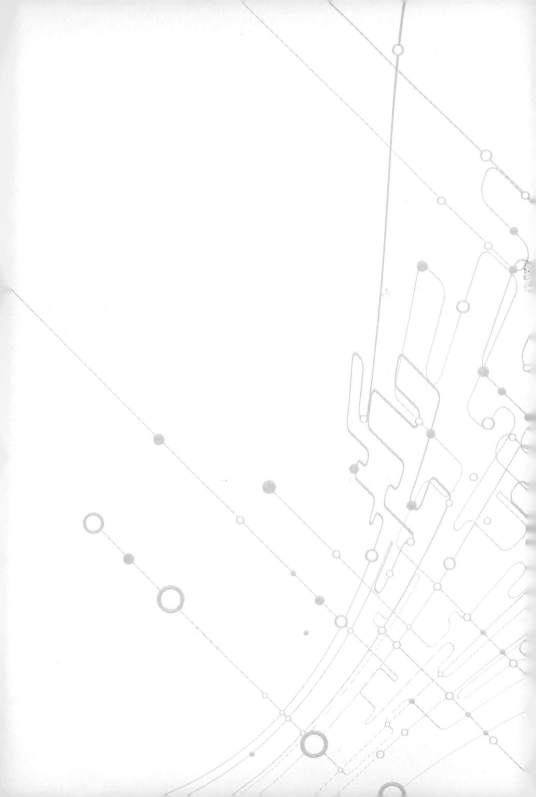

1-1 創變你的記憶

筆記不是記錄，而是創造對你有益的認知，

改變你對經驗的記憶

你有沒有這樣的經驗：寫筆記當下很興奮，事後看卻失去了感覺？

在聽演講、讀書時，聽得很激動，寫下許多筆記，但過了很久重新閱讀，卻再也看不到價值，也想不出來當初為何那麼震撼？於是累積了大量寫了卻無用的筆記。

或者你一定碰過這樣的事，聽老師上課，聽主管報告，抄下許多筆記，但事後回頭看，卻發現雜亂無章、缺乏重點，執行起來落東落西，沒了原本想要用筆記達成的效率，反而是一大堆找不到、用不好，反而增加負擔的筆記資料。

這時候，或許你會去找很多筆記方法、學一些筆記格式，或是去買一本「更好看」的筆記本，想說下一次做筆記時，我要做出「真正有效」的筆記。當然，這些不是無效，畢竟這本書就是要教你筆記方法。

但是假如筆記方法是張考卷可以打分數，或許那些「更厲害的技巧」佔了 40 分，但是有一個「基本方法」卻佔了 60 分，只要答對這一題，基本上就及格了，或者說，你的筆記方法就會是有效的筆記。

這個方法就是用筆記「創造」與「改變」你的記憶，也可以說是「創變記憶的筆記」。

■ 筆記目的不是記憶過去

我記得在學生時代，有一陣子我開始認真養成「寫日記」的習慣，每天晚上我會留下十分鐘時間，「記錄」自己一天做了什麼事情，並且認真地反省，我所謂的反省，就是把今天做得不好的事情，「很誠實」的寫下來，例如今天又拖延了什麼事，今天又犯了什麼錯。

那陣子寫得很勤奮，但是有一天我忽然驚覺，怎麼每天還是在犯同樣的錯？「今天又拖延了」變成日記裡最常出現的開場白。

記錄是記錄了，甚至很誠實地複製了自己一天所做的事情，但是改變卻沒有發生。只是留下像是流水帳一樣的日記，這不是寫日記的方法無用，而是會不會我用錯了筆記方式？

日記、筆記的目的是什麼？乍看之下好像是保留記憶、寫下記錄，但真的只是這樣嗎？

如果仔細一想，就會發現，我們之所以開始寫筆記，方法是紀錄已經發生的事情，但背後真實的目的，通常都跟未來想要完成的一件事情有關。

筆記	一般方法	真實目的
日記	寫下今天發生的事	希望未來做得更好
考試筆記	記錄老師講的重點	考試時能正確回答問題
會議筆記	記下主管講的話	有效率達成被交代的任務

**筆記的目的不是記憶過去，
記憶過去是為了改變未來。**

但是這時候如果我們只是「記錄下已經發生的過去」，那麼反而會跟我們想要達到的「改變未來」的真實目的，愈行愈遠。最後就發現，寫了一大堆筆記，事後看失去了感覺，變成沒有價值的無用資料，或是使用起來很沒有效率。

所以如果要改變筆記方法，讓筆記變成有效的筆記，最關鍵的一件事情，就是聚焦在筆記真實的目的：「為了未來而寫」。

■ 創造與改變記憶

「過去、現實、已經發生的事情」，這些當然是人生中很重要的資產，甚至有時候可以是人生的動力資源。不過，**真正的關鍵其實不是在過去、現實、已經發生的事情上，而是在「我們如何詮釋現實、過去、已經發生的事情」。**

所謂「為了未來而寫」，不是說完全不用記錄過去，而是說用未來你想變成的眼光，來重新詮釋現在的記憶。

或許可以說這個步驟是要去「主動侵入你的記憶」，讓紀錄下來的東西往有益的方向發展，而非原原本本的記錄。

如果只是原原本本紀錄，那跟機器沒兩樣，但做筆記的目的在於把事情變好，讓未來產生更好的行動，所以不是照抄的紀錄，不是記憶搬到筆記上而已，而是讓記憶透過自己的詮釋、調整、反省或補充，變成是對未來使用時有用的東西。

> *用未來的眼光改變現在的記憶，*
> *未來才會改變成你想要的樣子。*

所以說，寫筆記的第一原則，就是「創造與改變」你的記憶。

這不是說要「造假」。例如寫日記，今天我又拖延了某件事情，當然不是故意扭曲現實，寫成我今天沒有拖延，這樣造假也沒有意義。

但是我可以用「未來的眼光」來看待今天這件拖延的事情：

✔ 是不是我沒有找到更簡單有效的步驟，所以我拖延了？

✔ 是不是我沒有幫自己創造一個更專注的情境，所以我拖延了？

✔ 那我可不可明天嘗試來創造一個可能更簡單的步驟，或是更專注的情境，然後看看自己是不是不會拖延了呢？

如果只是把自己的過錯寫下來，雖然願意檢討自己的錯誤是一種美德，但是記錄錯誤並不會帶來什麼，要能從錯誤中找到創造與改變的因子，那麼錯誤就不再只是錯誤，反而是讓自己不斷成長的階梯。

> **從錯誤中「創造」新的可能性，**
> **於是錯誤也就可以「改變」成學習。**

這就是我說的「創變」記憶的筆記，也是我認為最關鍵的筆記方法。

■ 你如何面對與處理問題，才是問題所在

心理學中有一種「認知心理學」，認為比起探究潛意識或心理病因，其實可以嘗試「改變你對世界的認知」來達到心理治療的效果，如果你的觀點和態度改變，那麼原本看似是問題的病因，也可能變成不再存在，或是成為改變的動力。

> **問題不在問題本身，**
> **而在你如何面對與處理問題上。**

當然本書並非要談心理學，不過筆記時，也是同樣的道理，無論是什麼問題，關鍵通常不是問題本身，而是你如何面對問題的方式，也就是你如何筆記下這些記錄的方式。

例如我上課認真的做課堂筆記，我的目的是要讓之後的考試更順利，但是我做筆記時只是把老師講什麼就拼命記下什麼，或是單純把老師講的內容整理得很整齊。但是卻不去思考：

✓ 以後可能考什麼？

✓ 如果考試時我要怎麼回答比較好？

✓ 哪些重點是考試時一定要回答到的？

這樣一來，無論花多少時間整理，都很難成為有效的筆記。因為這樣就是只有看到問題，卻沒有思考我自己想要如何面對問題。

　　筆記自己的過錯時如此，要用筆記整理工作上的任務安排時也是如此，不用在問題、資料上鑽牛角尖，而可以試試看在筆記中問自己三個問題：

> **為什麼會這樣？**
> **我是怎麼想的？**
> **我想要變成怎麼樣？**

　　為什麼會這樣？有一些現實的因果關係。但我是怎麼想的？我如何認知這個已經出現的任務、過錯、資訊。我想要變成怎麼樣？這樣的問題跟未來的我有什麼關係。嘗試用這樣的方法去「創變」你的筆記，接下來，我會更深入地分享這樣的筆記方法。

1-2 創造你所知，
而非複製你所看

**你不需要筆記所有的東西，因為你不是用筆記
記錄人生，而是在重組人生**

　　是不是筆記得很完整，或者是不是用了什麼厲害的筆記方法，還是說把筆記做得很漂亮整齊，我覺得都不是重點。因為只要筆記可以幫你創造新的認知，改變不同的可能性，就已經是有效的筆記，無論這是日記、考試筆記、工作筆記。

　　不過我只是說不需要糾結在筆記格式上，但並非是說做出很漂亮的筆記就是浪費時間。

　　我記得有一次我在台北信義區某家咖啡館和太太吃早餐，我們注意到隔壁桌有一位自己一個人的女士，她穿著休閒但高雅，看似一個人到這個城市旅行，因為她身邊還有一個好看的小行李箱。引起我們注意的，則是她喝著咖啡時，拿出一本看起來非常精緻的手帳（筆記本），外皮似咖啡色的皮革，外層用線綁住，打開後內頁是一張張有著棕色質感的紙張，並且上面寫滿，或者說畫滿了圖文。

　　我猜測那是她的旅行筆記本，於是多關注了幾眼，看到她拿起筆，翻到最新的一頁，開始寫上一些文字、畫上了一個好像台北 101 的高塔，她一邊寫，一邊抬頭思考，彷彿在回憶著這幾天旅行的記憶，然後用她最喜歡的方式，在手帳本重組出來。

　　這也是一種創變筆記，雖然她具備了漂亮的形式，但關鍵在於她正在用「自己喜歡的詞彙」、「自己的筆觸」重新描繪著或許是昨天旅行的風景，讓這趟旅行「創作」成獨特的故事，「變成」可以讓自己感動的故事。

　　我相信她不是在筆記流水帳，看起來也不像。

> **她更像是在創作一個屬於自己的世界，於是這個世界或許可以在未來重讀時激勵自己，成為真正甜美的回憶。**

　　記下所見所聞，複製所有的行程，或是拼命的拍照片，都不會讓這次旅行變成美好的故事。但是如果在筆記中重新思考與認知這次旅行，那麼這個筆記就會進入美好的世界。

■ 筆記目的不是複製

　　也並非只有自己的日記可以重組，就算是工作筆記、學習筆記，也一樣需要創造自己的認知世界。

　　記得在大學時，我唸文組，考試大多是申論題，那時候我寫的課堂筆記很多同學喜歡在考試前借去看，因為他們說：「看你的筆記，就好像有人教我怎麼考試回答問題一樣。」

　　那時候我們很多教授都是很有學問的人，但因為他們飽讀詩書，上課時道理講得深，講得多，都是很有用的知識，但是我們不一定都能消化吸收，當下一般同學都只能照著記錄下來。可是這樣的「記錄筆記」，一來真的要考試前看，更加看不懂。二來因為看不懂只能死背，

而死背時就沒辦法把申論題寫得精彩。

可是我寫的筆記，卻不是原原本本記錄老師講了什麼，而是把老師的教學，改寫成「考試如果考到這一題，我可以這樣回答」的內容。上課當下的理解通常是最直接的，這時候，我不會花時間一直去記老師講了什麼，反而當下優先把「我理解了甚麼」記錄下來。

其實我這樣的課堂筆記，跟前面那位寫著旅行手帳的女士，都是一樣的筆記方法，**都是在重組我們的認知，讓他們變成以後我想要利用的方式。**

■ 抄筆記有更省時間的方式

我們在做筆記時很容易陷入一個困境，就是想要把所有「別人的東西」筆記下來，老師講了什麼？主管講了什麼？書中寫了什麼？我們全部想要記錄好、整理好，但筆記不是記錄，如果我只是想把看到的、聽到的記錄下來，數位時代有更好的方法，那就是拍照、錄音、影印或下載資料。

我們當然也需要複製其中一些重要記錄，但可以用更聰明的數位方法。

既然是「筆記」，就表示是我要另外寫出來的東西，這時候就不是要去復刻記憶裡一模一樣的東西。因為「複製」很花時間，而且你不可能做得比機器更好，既然如此，不如交給科技或機器來完成就好。

如果是工作上重要的會談，深怕漏掉什麼細節，不如就是錄音當作事後參考。就算是上課的資料、課本的理論，當下來不及拍照、錄音，事後在網路上也可能都能查到這些既有的資料，再把這些資料擷取下來就好。

> **你不需要當個「複製」的筆記者，**
> **可以把時間留給成為一個「創造」的筆記者。**

■ 解釋，可以重組世界，創造你的利劍

我們前一篇談到，有效的筆記不是記憶的筆記，而是能對你的未來創造新的可能性，改變你的行動的筆記。

	不好的記憶只是持續給你壓力。
筆記只是記憶	過去的事情沒有改變，只會重複的發生。
	一直回頭看，不會找到前行的可能道路
	他人的資料沒辦法成為你的知識。
筆記只是複製	複製有更省時間而且效果更好的數位方法。
	大量資料的複製，反而讓你找不到方向。

而在這一篇裡，我們進一步講到筆記並非資訊、資料的複製，而是你對這些內容的重組，也就是你對這些內容產生新的創造性思考。

為什麼你的筆記沒用？幾個關鍵的原因就像上方的表格所述。

所以，筆記最關鍵的方法，就是「創造」，做筆記時，我們在創造自己的世界，而不是在複製他人的世界。

讓我們回頭看前一篇提到的，創變筆記的三個關鍵問題：

✓ 為什麼會這樣？
✓ 我是怎麼想的？
✓ 我想要變成怎麼樣？

以前的筆記習慣，讓我們以為筆記就是在整理他人的資料（你看到聽到的他人資料），**但其實所謂的「整理」，真正的意思是要把他人的資料，變成我的知識、我的行動，變成我的筆記，這才是筆記的真正意義。**

所以在第二篇裡，我們可以初步回答關鍵問題的前兩個。

「為什麼會這樣？」

把你所感知到的資料，進一步探索、詢問、思考他的前因後果。為什麼老師要特別講這一段，會不會這是考試重點？於是我要從未來考試利用的方向來創造我的筆記。

「我是怎麼想的？」

把前一步理解的世界，用自己的想法重新去詮釋。昨天的旅行發生了一些意外，但也發生了一些有趣的事，我會怎麼去解讀這樣的旅行呢？或許我認為這就是經驗、學習、成長的一部分，於是我創造出一個關於昨日旅行的成長故事。

　　簡單的說，做筆記時，我們不要想著複製世界，而要想著「我如何解釋世界」，抓住這一個核心，你就會開始發現，寫下來的筆記不再是壓力、不再是沒有感情、不再是沒有用的筆記了。

做筆記時，我們在解釋世界，
進而創造自己改變世界的利劍。

1-3 改變的思考，是筆記關鍵

思考問題，就能改變問題對我的影響，才能引發自我改變的行動

　　你有沒有這樣的經驗：寫筆記當下很興奮，事後看卻失去了感覺？這是我在這本書開頭，第一句詢問的問題，這個問題背後，有一個更深刻的問題：「做了很多筆記，但我還是沒有改變？事情還是沒有完成？」關鍵的原因在於：我們太習慣把筆記當作記錄，而不是把筆記當作思考。

> **不要只記錄你看到的，要記錄你想到的。**

　　思考就是去分析問題，我們可以選擇這些事情要對我們產生哪些影響，會引發我們產生什麼樣的行動，而不只是記錄事情而已。

　　不要忽略思考的力量，如果你要改變，就要從思考上開始改變，並且筆記下你的思考。

　　不思考的筆記，或者說不筆記你的思考，就會發現你的筆記看不懂、沒感覺、用不到。

■ 為什麼筆記事後看不懂？

其實跟你的筆記是否潦草、有沒有精美格式，沒有太多關係，我的意思是就算寫了一大堆表格精良的筆記，還是有可能看不懂。因為看不懂的關鍵在於，你沒有把筆記這些東西時，「為什麼要這樣筆記」的前因後果筆記下來。失去了語境，事後回頭看到單獨的任務或重點，自然看不懂為什麼做這樣的記錄，甚至不知道怎麼照著筆記做，其實關鍵在於背後那原本想要筆記的前因後果思考。

「思考前因後果」、「思考為什麼會這樣」，不只是筆記方法關鍵的第一步，其實平常執行任務時也是一樣。

有一次工作上我跟主管說：「請你幫我盡快確認一下新書封面？」主管不置可否，或許會拖個好幾天才回答我。但如果我這樣說：「因為下一週要製作成電子書，所以這週要完成封面確認。」這時候，主管就了解我真正的意思，也知道「盡快」到底是多快。這就是思考前因後果的重要。

■ 為什麼筆記後就沒感覺？反而有負擔？

我聽了一場精彩的演講，對其中好幾個關鍵的橋段非常的激動，當下寫了許多筆記，但都是記下老師講了什麼。可是事後回去看（其實還有事後看已經很不錯，通常事後也不會看），發現沒有那些感覺了，忘記了當初激動的原因。

一場演講，刺激我產生了許多思考，這時候我應該記錄老師講什麼？還是記錄我自己思考了什麼呢？當然是後者。雖然老師講的可能也很重要，但事後從講義、網路、跟老師請教，都還有機會找回來，

然而你當下那個激動的私人的想法，如果沒有筆記下來，就永遠找不回來。

當然，能夠在聽演講時，有著「我會這樣想」的思考，其實已經是一個很棒的事情。

> **更多時候，我們都只是接收而沒有思考，**
> **最後接收的都變成負擔。**

接收著新的資訊、新的任務，然後瘋狂的儲存、收集，看起來很有成就感，可是這些愈積愈多的筆記，愈來愈長的待辦清單，卻往往成為我們的壓力來源。因為裡面沒有我的想法、沒有我的感動，**於是這些都「不是我的筆記、任務」，而是「別人的筆記、任務」，當然會成為負擔。**

但這不是筆記無用，而是我們用了無用的筆記方法。

■ 為什麼筆記難以使用？

我自己這幾年來，喜歡使用 Evernote 這個數位筆記當工具，也撰寫了許多本 Evernote 筆記方法的專書，很多讀者喜愛我的 Evernote 筆記方法，並且通常很快地可以享受到利用數位筆記「大量收集筆記」的成就感。

不過，其中有些朋友就會開始發現：收集的這麼多筆記，好像只是讓整理愈來愈花時間，實際上卻難以使用？這裡面有沒有什麼被忽略的整理技巧呢？

其實關鍵不在整理技巧上，關鍵只在於一件事：

筆記時，就要思考筆記要怎麼使用。

我們通常筆記的起心動念都是：這感覺很好、這好像不錯、這應該很重要（因為是主管說的），但是卻忘了進一步思考：

- ✔ 「那我到底要拿它來怎麼使用？」
- ✔ 「我可能會怎麼利用他？」
- ✔ 「我想利用它來達到什麼目的？」

我的筆記方法，就是在筆記中加入「目的性的思考」。 筆記一個聽到的好故事，不只心中覺得他好，還想著「以後我要在簡報裡用上這個故事」，並且還進一步筆記「我可以怎麼講解這個故事」，然後我把這個想法也筆記下來。陸陸續續的我又收集了一些故事，也都想到「以後我要在簡報裡用上這個故事」，我根據這個利用思考，把這些整理起來。

這時候，我的筆記又怎麼會是一大堆散落而不知道怎麼使用的故事呢？

■ 創變筆記的第三個原則：我想變成什麼樣子？

前面我們反覆提到的，做筆記時的三個關鍵問題：

- ✓ 為什麼會這樣？
- ✓ 我是怎麼想的？
- ✓ 我想要變成怎麼樣？

這三個問題其實就是簡單的幫助你做筆記時「有效的思考」，然後就能把思考後的答案寫下來，而這些答案可以幫你的筆記變得更有用。

問自己「為什麼會這樣？」於是你可以筆記下關鍵的前因後果，讓你以後看得懂這個資訊或任務。

問自己「我是怎麼想的？」把筆記從複製世界，變成創造你的世界，筆記下你的想法、你的感覺，於是這就成為你會喜歡的「自己的」筆記。

最後最關鍵的一個思考問題：「我想要變成怎麼樣？」無論任何資料或任務，我之所以要筆記，一定都跟我有關，是要被我所使用的，是我以後想要閱讀的，那我又希望自己以後可以怎麼使用他？以後可以閱讀到什麼呢？

這牽涉到了一個更深層的問題：「我想要未來的自己變成什麼樣子」。這是做筆記時的一個很棒的立基點，也是產生改變的思考的關鍵。

例如，我正在為孩子的成長變化寫筆記，我應該做什麼筆記好呢？我首先思考的不是有哪些可以記錄，然後拼命記錄，我首先思考的是「那我想變成一個什麼樣的爸爸？」我想像我要能在醫生詢問我孩子

狀況時，講出一些關鍵的數據，於是我知道要記錄哪些成長數字。我想像我要逐漸培養跟孩子的親密關係，所以我知道要筆記每次孩子面對我的情緒，以及我的行動對他產生的影響。

　　並且當我知道自己想要變成什麼樣子時，我就會在筆記中寫下最關鍵的一個內容，那就是：「我接下來還可以採取哪些行動」。這就是：

> **可以創造可能性，**
> **並且改變人生的創變筆記。**

創變筆記的三原則

你的記錄，無法改變未來，除非你創造他、改變他，並且產生有效的行動。

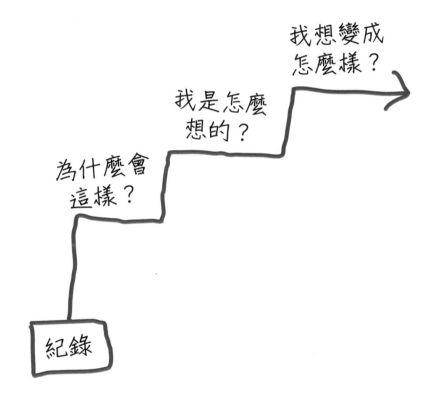

我想變成
怎麼樣？

我是怎麼
想的？

為什麼會
這樣？

紀錄

1-4 理出行動的三層筆記法

不需要很複雜的筆記術，只要把筆記分成三層，

就能幫你產生改變的思考

我們習慣「一股腦把東西全部記下來」，並且有一種好像記得愈多愈好的強迫症，然而對有用的筆記來說，最關鍵的事情其實只有一個，就是有沒有「付諸行動」。

■ 筆記不是記得愈多愈好

前面我所提到的三個筆記原則：

✓ 為什麼會這樣？

✓ 我是怎麼想的？

✓ 我想要變成怎麼樣？

最後一個最關鍵的問題，就是在筆記的行動上。

我正在筆記一本書的重點，但重點不是重點，而是然後呢？我要用這些重點幹嘛？我讀完這本書後想要變成什麼樣？那麼我應該要採取哪些行動？

一般我們在做筆記時，可能都誤以為自己記得夠完整，或者說以為要記錄得多複雜、多專業，才表示我筆記的很深入。

但是，一個用超級複雜心智圖整理的讀書筆記，其實還不如一個「只是寫下兩個可以被付諸執行的行動」的筆記。因為把別人的重點整理得再好，也不會有改變。

> ## 但只要付諸行動，即使只是一點點的改變，都和不改變有巨大的差別。

所以，我們需要的是一個簡單，可以快速實踐，又可以理清前面提到的筆記思考，並且幫助我們採取行動的筆記方法。接下來，就跟大家分享這個筆記方法。

■ 筆記的三層思考空間

怎麼讓一則筆記更加有效？而且他的格式是無論在紙本、數位工具上都能很輕鬆執行？並且不花時間在格式上就能完成格式呢？這個筆記格式不應該太複雜，如果格式太複雜，變成我們要花很多心思與時間去畫出漂亮專業的格式，那樣會讓格式反客為主，我反而沒有辦法專注在思考動腦這件更重要的事情上。

在這樣的思考下，我自己發展出了三層空間的筆記法，也就是無論要橫欄分割、直列畫線、做出三格表格，都無所謂，但總之我的筆記上通常都有「三個空間」。

　　這三個空間，分別管理的「我的記錄」、「我的想法」、「我的行動」三種內容。他們分別是：

✔ **行動層筆記**

✔ **構思層筆記**

✔ **封存層筆記**

　　如果跟前面那張圖「創變筆記三原則」的圖來對照，就是把單純的記錄，轉化成可以產生改變的筆記，並且提醒我，一定要記下改變的行動。

　　這種筆記三層格式「非常簡單」，但是「效果非常顯著」。

　　因為簡單，所以一分鐘內就可以學會、幾秒鐘內就可以畫出這個格式，而且任何文字工具都能做得到這種筆記格式。

　　因為效果顯著，所以我的筆記可以更容易理出頭緒，並且讓這些筆記轉化成更有效的後續行動。下面，就讓我來分享自己實踐這種筆記記錄格式的心得與經驗談。

任何的紙張、工具，都可以輕鬆把筆記分成這三層，讓你逐步推進你的思考，創造改變的筆記。

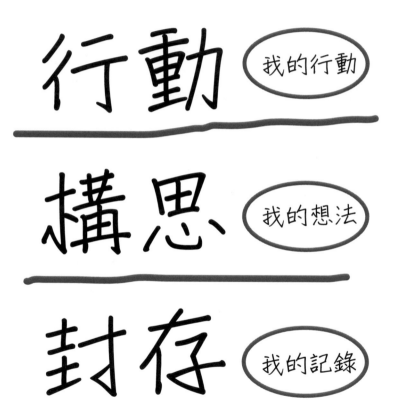

■ 如何實踐三層筆記？

當我準備記錄一個課程演講心得、寫下會議旁聽速記、進行文章的構思、文案的草擬，或是任務的企劃與執行時，我就會先在空白筆記上寫出下面這樣的三層結構：

行動筆記：

構思筆記：

封存筆記：

很單純的用純文字的小標題區分出筆記裡的三個空間，不一定需要額外的裝飾（例如水平分割線，當然有也不錯），這樣要畫出筆記格式的速度最快，並且無論電腦端、網頁端、行動端，甚至在紙本筆記上都能立刻畫出這樣的格式。

構思層筆記

一開始我會先利用「構思筆記」這個空間進行書寫，可能寫出我當下的想法、列舉大綱，把收集到的資料重點填入，或是把會議上、郵件裡接受到的任務記錄下來，並且寫下我對資料與任務的註解等等。

對應前面的筆記方法，就是把「為什麼會這樣？」「我是怎麼想的？」這兩個關鍵的思考，放入「構思層」的筆記中。

封存層筆記

但是，難免有一些單純需要記錄的參考資料。

或是隨著思考愈來愈深入，對任務有了更新，整個企劃開始有了轉變，而需要推翻之前的一些想法時。

這時候「封存筆記」空間就發揮作用了，我會把單純的參考記錄，或是構思空間裡那些過時的、無用的、多餘的筆記往下移動到封存筆記空間。

於是「構思筆記」空間裡保留了有用的、精華的筆記內容，而「封存筆記」空間裡把那些雜亂但以後可能具有參考價值的思考過程、零散資料也保留下來備查。

行動層筆記

最後，我會思考這則筆記最關鍵的問題：「我想要變成怎麼樣？」「我想要採取什麼行動來改變？」

透過一直保留在最上層的「行動筆記」空間，我精煉出構思企劃裡需要執行的步驟，或是文章草稿大綱的核心精神、關鍵問題，寫入行動筆記空間，讓我一看到這則筆記後，立刻可以找到指引我如何進行下一步行動的方向。

以一個實際案例來舉例。我在企劃一本新書的發表會活動，這時候我會先在「構思筆記」裡進行活動流程規劃，列出需要準備的物品，寫下需要事先完成的步驟。

但是同樣的流程一定會有更新，會淘汰掉一些想法與步驟，或是需要一些補充的參考資料，這時候舊的資料與想法就歸納到「封存筆記」。

然後從「構思筆記」裡擷取出真正需要我去執行的任務，把任務清單用待辦清單核取的方式列在「行動筆記」裡。

這樣的企劃筆記就可以同時保留我的想法（構思筆記）、團隊討論的紀錄（封存筆記），但是又能聚焦在我必須執行的任務上（行動筆記）。

■ 如何應用三層筆記的案例

你可以試試看在各種筆記需求上，應用三層筆記，因為任何筆記應該都是「整理思考」與「採取行動」。

整理資料的筆記

行動筆記：	寫下我覺得、我想要這則資料未來要用在什麼用途上。
構思筆記：	寫下我讀完後歸納的重點，以及我的解釋。
封存筆記：	一些原本資料的剪貼、註記。

上課學習的筆記

行動筆記：	為什麼去上這門課？想要改變或學習什麼？上完課後應該會有一些具體的行動。
構思筆記：	演講裡自己感興趣、有需要的重點和想法紀錄下來，最重要的是盡可能多花一些時間在講座中自己想法更多的延伸筆記。
封存筆記：	講座資料、老師講義重點。

會議記錄的筆記

行動筆記：	會議通常都會賦予會後任務,將自己想要的執行方式寫入行動層。
構思筆記：	利用簡單對話體來記錄別人講什麼?以及我想的是什麼?我怎麼去解釋每個任務或論題。
封存筆記：	會議通知、議程、相關資料丟在封存層,方便開會前整理與開會時查詢。

執行任務的筆記

行動筆記：	把完成任務必須要做的具體步驟分析出來,然後一步一步寫在行動層中,讓自己可以知道進度。
構思筆記：	真正跟任務有關的內容,把雜亂的任務資料抽取出真正有用的部分,方便自己檢查,也可以加上自己的註記。
封存筆記：	通常放任務相關的郵件資料,或是一開始主管口頭交代的零散紀錄備查。

　　以上是一個案例的示範,但要記住的是,格式只是筆記執行時產生的結果,更重要的是實行這個筆記方法背後的精神:「把複雜、混亂、難解的事情變得有條理,並且成為未來行動最好的依據。」

　　當筆記中加入了創造的思考,讓資料成為自己的想法。並且關注到產生改變的行動。這時候,其實什麼格式都不是很重要了。

1-5 筆記是自我實現的預言嗎？

筆記總結於行動，但寫下來不一定會實現，除非你寫的夠清楚

　　美國社會學家羅伯特 · 金 · 莫頓提出了一個非常知名的心理學現象：「我們很容易在不經意之間，使自己的預言成為現實。」一些先入為主的判斷，無論他們正不正確，都會因為這樣認知而影響到我們的行為，於是最後這個本來是「預言」的判斷，就變成了真正的現實。這個現象被稱為「自證預言」。

　　如果孩子偶爾偷懶不想幫忙打掃，你跟他說：「你就是一個懶惰的人！」只是簡單的負面批評，但不採取任何積極的改變行動，於是孩子聽久了，就真的覺得自己很懶惰，行為也開始愈來愈懶惰。

　　而另外一個正面的知名例子是，Rosenthal 與 Jacobson 於 1963 年在舊金山南部一所小學進行的實驗，他們隨機挑選了智商高與低的學生，但是告訴老師說，這些都是高智商的學生，可以給他們更進階的訓練，結果經過一年，他們重新去調查這些學生，發現這些學生的智商都真的變高了。

　　你的認知，就是自我實現的預言。這樣的效應也被稱為畢馬龍效應（Pygmalion Effect）。

　　於是，開始有這樣的夢想筆記說法：只要寫下來，就會實現。

如果像前面幾篇所說的，在筆記中寫下認知與行動，就真的會改變，真的是這樣嗎？**當然不是的。**

■ 只是寫下來，什麼都不會實現

你的認知、你的解釋、你想要變成什麼，以及想採取的行動，這些都很重要沒錯，所以前面我才一再提醒。不過，從單純記錄的筆記，轉變成「創造與改變」的筆記，只是第一步，只是要突破我們原本繁雜但可能無效的筆記方法而已，如果真的要讓改變發生，還有一些關鍵。

回到前面那個學校的例子，為什麼因為老師認為學生智商高，結果一年之後，學生的智商真的提高了呢？因為當老師覺得這些學生是可以栽培時，開始為他們設計更能刺激成長的課程，並且願意更耐心的解答他們的問題，漸漸的學生在每一次的小成長中，也覺得自己是高智商的學生，更願意去學習，於是，最後這個「預言」便成真。

並非只是老師認為學生智商高，學生就忽然變成智商高的。

回到我們談論的筆記方法上，我有一個計畫、一個夢想，我把他寫在筆記上，每天看到他，一直看一直看，是不是我的夢想有一天就能實現呢？我在筆記中創造了一個新的自我的認知、一個改變，每天看每天看，我就真的會變成那樣嗎？

我不會說完全不可能，有可能可以，因為起碼寫下來後，你確實就記住他了，比起忘了有這個夢想，比起忘了你要變成什麼，當然無論如何記住了，就從 0% 提高到 1% 的完成機率，但真的完成也大多是運氣。

不過，我們卻可以真的透過「有效的筆記」，來提高我們的夢想、目標、我想要變成的那樣子的完成率，而且能夠大幅提高。

> *關鍵在於，不是寫下來，*
> *而是要寫清楚。*

■ 為什麼你的計畫失敗率很高？

前面我們提到了筆記最後的關鍵，是寫下你想改變的行動，三層筆記法的最高層，也就是你的行動清單。但問題來了，你很可能會發現，這些行動清單跟你其他專案的待辦清單一樣，列是列了，真正被執行的機率卻很低，於是很多計畫雖然寫下來，最後還是胎死腹中。

這是因為，我們其實也都很會列行動，但問題就是我們太快列行動了，事實上還沒在筆記想清楚，於是最後都是失敗與不會做的行動，只會造成犯錯、壓力與拖延。

我將寫在筆記中的夢想常常胎死腹中，歸納成四個原因。

沒有想清楚自己真正要什麼

我們很容易有願望、夢想、想做的事情，但我們通常沒有「為自己設想」。這是什麼意思呢？

例如看到臉書上很多人在分享讀書心得，於是筆記下我也想養成讀書習慣，但是為什麼呢？你想像的是什麼樣的讀書習慣呢？你想從閱讀獲得什麼？你想透過閱讀變成什麼樣的人呢？以及你想像的閱讀情境是怎麼樣的？

如果沒有把這些想清楚，沒有在筆記中做這些思考，只是單純寫下夢想，那麼有可能那本質上不是自己需要的，反而一直記住只是增加自己做不到的壓力。也有可能你還沒發現改變後可以帶來的價值，於是寫下來的願望其實沒有帶給你動力。

沒有想清楚達成的可能道路

要達成一個願望，可能有不同但都可能的道路。要完成一個專案，可能要經過好幾個階段的路途。但是我們通常都只想到一條路，或是只想了一個最簡單的階段。

這樣一來，當我的夢想卡關，我就覺得要放棄了，我就失去動力了，因為我沒有想清楚還有其他的道路可以嘗試。

或是一個困難的專案漏洞百出，導致最後無法實現，很有可能是因為我只是埋頭去做，卻沒有想清楚每一個需要關照的環節與階段，最後在我沒有想到的路上卡關。

沒有想清楚需要採取的所有可能行動

雖然我們列出了一些看起來不錯的行動，但要不就是拖延這些行動，要不就是這些行動太困難，而我不知道怎麼開始。

這其實是前面兩個問題的延伸，因為我們太快列出行動，導致我們沒有列出真正更簡單、更有效率的行動是什麼。

沒有想清楚需要面對的可能問題與風險

另一個我們常常在夢想與目標前退縮的原因，在於這些計畫都有不確定性，都有風險，看起來都好像有些問題。

但這時候我們常常選擇對這些問題「置之不理」，我的意思是不在筆記上想清楚，而任憑我們的腦袋「一直想一個模糊而不確定的風險」。

這樣一來，寫下來的夢想，不僅不是自我實現的預言，還是讓我們想逃離的黑洞了。

■ 提高實現率的 DRAW 計劃筆記法

所以，讓我們對症下藥，用「DRAW 筆記法」來提升你寫下來的夢想筆記的成功率。

「DRAW 筆記法」分別是指：

- ✓ Destination 確認目標
- ✓ Roadmap 畫出路線圖
- ✓ Action 列出行動步驟
- ✓ Warnings 評估風險

Destination 確認目標

我想要達成的目標，達成後是什麼樣的具體景象？這個目標對我來說的價值是什麼？筆記這個夢想，是因為我想變成什麼樣子的人？前後我要有什麼樣的改變？

想清楚自己所要的方向，這樣即使迷航時，還知道怎麼樣回到正軌，也就能朝著真正夢想的方向前進。

Roadmap 畫出路線圖

可是最好能在出發前，先畫出我和目標之間的地圖。這樣就算一時走錯路，我還知道怎麼回到主要道路上。

Action 列出行動步驟

然後我才列出真正的行動步驟，並且想辦法找出最適合自己當下執行的那一步。

Warnings 評估風險

最後一個思考，很重要，但很容易被忽略，因為夢想的熱情會讓我們想要忽略可能的問題，但不去想，問題不會消失，反而成為心中的石頭，愈來愈重，壓力讓熱情消失，甚至一不小心就被絆倒。

但任何夢想和目標，不是都有風險嗎？而且都有一些一定存在的不確定性和問題，不一定都能解決啊？這裡不是要你去解決問題，而是要你「寫下來」，把可能的問題想清楚，想清楚問題真的發生時，如何預防？如何補救？可能承擔多少失敗？

■ 寫清楚，就是自我實現的預言

把夢想寫下來，不會自我實現。但是：

> **寫下目標、寫下地圖、寫下行動、寫下問題，就會成為實現的預言。**

還記得我們前面說過嗎？**筆記是創造你的認知，產生改變的行動。**

因為當我寫下明確的目標，我就會朝著那麼方向前進。當我畫出地圖、畫出道路，我就知道可以採取哪些應變的行動。當我寫下問題，我就做好心理準備，風險也可以承受，並且知道如何回到我的地圖道路上。

所以，確實的，夢想筆記把他寫下來，而且寫得夠清楚，他就會成為你自我實現的預言。

1-6 建立觀點的筆記練習

筆記的關鍵是思考，而要有效的讓思考成長，

可以試試看四個具體的寫作步驟

「寫作輸出」可以加速學習與成長、訓練獨立思考，身為一個長期的寫作者，我對這句話深表認同。寫筆記，其實也就是在寫作，寫作的關鍵在於「建立觀點」，有觀點的文章是好文章，而有觀點的筆記，就是可以創造與改變的筆記。

但是在前面我提到了許多筆記、思考的方式後，接下來我們會面臨一個很重要的問題：如果我寫不出來怎麼辦？如果我想不出觀點怎麼辦？

確實寫作需要練習，思考需要練習，要建立有觀點的筆記，同樣需要練習。那麼要怎麼練習呢？其實是有可以循序漸進的步驟，你可以照著下面的方式，反覆練習看看，漸漸的，你就會發現可以更容易在筆記中產生觀點了。

■ 練習條列重點

第一個寫作練習是「條列重點」，看似簡單，裡面卻有些小訣竅。技巧是：

- ✔ 先抓出你看到或想到的幾個重點
- ✔ 用關鍵字或關鍵句濃縮描述這些重點
- ✔ 嘗試條列這些重點，條列時思考他們的次序
- ✔ 然後跳開原文、原話，嘗試用你的話說明這些重點
- ✔ 想想看有沒有其他原文沒提到的重點

　　把複雜的事情歸納出幾個重點，並且用關鍵字句描述重點，這可以練習把複雜知識濃縮成概念，概念幫助我們更容易吸收。

　　把重點條列出，並排出次序，然後針對每一點重點作闡述，這能幫助我們在自己的腦中建立自己可以理解的清晰架構。

　　上述步驟有助於理清一些思緒，並且可以因為這樣的刺激，抓出我們原本沒有想到、沒有注意到的一些新的重點，擴展思考的範圍。

■ 練習窮舉範疇

　　第二個筆記練習，是嘗試去窮舉你所面對的問題、知識、事件與思考的完整範疇。技巧是：

- ✔ 從一個事件，思考背後的世界現象。
- ✔ 想辦法窮盡背後世界現象的所有面向。
- ✔ 然後幫這個世界現象作分類定義。

　　我們面對的問題、事件與知識，通常只是這整個世界的一小塊，如果我們在這一小塊上鑽牛角尖，有可能走偏方向，或是忽略了更大的

可能性。（也就是我前面說的，你的夢想地圖如果想得不清楚，很容易誤以為沒有可能性而放棄。）

所以我們從某個事件出發，但要把事件背後的世界想像成一個更大完整的圓，看到這個事件是落在圓的哪一個部分？佔了多少比例？

更進一步的，如果要切分世界現象這個圓，可以怎麼分最恰當？而且不會遺漏任何部分？也不會重疊不同部分？這個練習刺激可以幫我們面對一個問題時盡可能客觀全面的評估，有助於建立風險評估與保險策略，或是發現問題之外的缺口或契機。

歸納範疇的筆記練習，幫我們學會怎麼鳥瞰一個事件，並且看出事情的完整脈絡，當你用在描述一個問題時，也能講出比別人更深入又精煉的內容。

■ 練習分析追問

第三個筆記練習是，對每一個論點、說法追問「為什麼」，自問自答，把自己想到的「因為 ... 所以 ...」寫出來。

> **關鍵的技巧則是不只「往前」，
> 也要「往後」追問。**

往前追問這個做法的成因？往後追問這個做法的影響？然後串連寫出有效的「前因後果」觀點分析。

尤其對一些習以為常的結論、建議，重新透過筆記練習來追問為什麼？為什麼是這個結論？這個結論帶來什麼好處或壞處？這會帶給你

思考上很大的訓練刺激，也就會帶來思考的成長。

分析觀點的筆記練習，幫助我們把事情看得更深更遠，從而可以做出更好的選擇。而這樣筆記出來的企劃或論點，會比單純只講結論更容易說服別人。

■ 練習翻轉想法

第四個筆記練習，則是在前三個練習或思考都結束後，嘗試挑戰自己，創造獨一無二的觀點，**練習多問自己「但是 ...」、「如果 ... 會怎樣 ...」、「還有可能 ...」、「為什麼不？」這樣的問句。**

任何事情總是會有反面，不同的前提會導出不同的結論，所以在練習時，試著給自己一個「多角度的」挑戰，寫出翻轉的想法。

翻轉想法的筆記練習，並不是否定原本你聽到或看到的論點，反而是幫我們更加確定或修正一個論點的正確性與周延性，如果在翻轉想法後你依然可以證明這個論點，那麼才是真正學會了這個理論或知識。

試試看上面這四個筆記練習，無論是工作企劃時「筆記」企劃書，還有我在部落格「筆記」文章草稿，都確實能幫助我快速建立獨立觀點。

1-7 激發筆記靈感的心流

筆記雖是筆記你所想，但光想卻不行！

你要先動手寫，然後才能想得透徹

「寫不出東西」，這個問題其實不只書籍或專欄的作者有困擾，任何人都常常遇到這個困擾（只是你不一定發現），例如學生要交報告時？研究生要寫論文時？工作者要寫一篇企劃報告時？業務要回一封文情並茂的郵件時？你要寫出一篇感動自己並留下記憶的日記時？或者你想把自己的經驗分享到臉書與部落格時？還是你做簡報前要先想出簡報內容時？

當然也包括你要寫出精采的筆記思考時。

換句話說，我們只要能夠先學會「怎麼把東西寫出來」，我們其實也就學會了「怎麼突破思考」、「怎麼突破表述」的方法！

前一篇文章，我已經分享了自己常常實踐的四個練習，但還有一個額外想補充的好方法，就是：「先寫再想」，雖然我們是要筆記最精采的想法沒錯：

> **但最精采的想法通常是你動手寫之後，**
> **才能想得出來的！**

■ 先寫，再想

我們一般在筆記、寫企劃、寫大綱時，習慣的模式大概是先在腦中構思一番，然後把構思好的想法慢慢寫出成文字。

但是你會不會常常遇到下面這些情況：「準備開始寫了，但忘了剛剛一開始想的是什麼？」

或者是覺得想得不夠好，所以繼續在腦袋想，還沒想出結果，於是什麼都沒寫下來，但過不了多久，連剛剛想的一些有價值的東西也忘記了，最後什麼都沒留下來，所有靈感都只停留在腦袋空想的層次。

或是說我們總想要先寫出大綱，想要一段一段順著寫下來，於是當第一段卡關時，為了文字的嚴謹性，就一直卡關在那邊，讓腦袋極速運轉到冒煙，卻還是什麼都寫不出來，也可能反覆修改還只是在寫第一段。

這些「卡關」的情況，很可能就是來自於我們「想好了，才寫」的習慣，但想好了很快就忘了，或是永遠沒有想好了的一天。

而要解決問題，或許可以倒轉這個習慣，試試看「先寫，再想」。

■ 如何實踐先寫、再想？

要怎麼執行這個「先寫，再想」的練習呢？我有下面兩種做法。

做法一：「跳著寫」，腦袋迸出什麼內容，就立刻寫下這一段，即使沒有邏輯或沒有承先啟後關係都不要緊，跳著一段一段的快速寫出腦袋裡所有的東西。這種做法常常可以生出一篇文章的許多血肉，甚至發展出自己原本完全沒有想到的概念，零散沒有關係，後續再慢慢重新組織。

做法二：「逼自己像逃跑一樣書寫」，完全不要在意語法與錯字，彷彿有一個不繼續寫字就會把我吃掉的怪物在後面追趕我一樣，我一定要一直「吐字」出來。這種做法常常可以激發出很多的關鍵字、很好

的語句，後面再慢慢潤稿修飾即可。

要讓腦袋和寫字同一時間運作，甚至寫字比腦袋更快一點點，這個意思是即使還沒想清楚，手已經開始在鍵盤飛奔（或在紙筆飛奔也可以），把腦袋一瞬間冒出的各種文字都寫出來。

存在於腦袋裡的思緒其實是缺乏邏輯的（是有想像力但沒有嚴謹性的），但文字本身是有邏輯的，所以，**反而是當我們把雜亂思緒先寫出來，然後所謂的構思、觀點、論述或美好的語句，才因為「先寫出來」後被不斷「修改」與「延伸」，而激發出來。**

■ 任何時候都先寫，再想

我們不需要一開始就寫出最好的筆記、最棒的企劃、最完美的大綱，從草稿開始，慢慢修成更好的筆記即可。

所以如果下次寫不出筆記，或是缺乏靈感時，不如試試看這個「先寫，再想」，以「心流」超越思考的筆記法，說不定也能跟我一樣激發出大腦原本想不到的靈感。

最後，我建議尤其下面幾種情況，很適合試試看心流筆記法：

寫不出文章時：	先擠出文字、關鍵詞、妙句子和分散的段落。
靈感剛剛冒出來時：	用心流筆記法，先寫，靈感才不會一邊想一邊溜走。
心情鬱悶，想法糾結時：	可以像寫日記的方式，打開空白筆記頁，給自己十分鐘專心的時間，然後不要想，就不斷的書寫，把腦袋的東西一冒出來就寫下來，看看能延伸出什麼想法，這常常也是我化解心結的方法。

1-8 簡單但有條理的樹狀筆記

比表格更快速有效的筆記法，可以讓你的上課、閱讀、任務思考筆記第一次寫就有條理

雖然説格式的美醜與難易，都可以產生好的筆記。但是如果格式太複雜，太過度在意條理，很容易對筆記有害。**因為你花在完成格式的時間，你的思考已經停滯，你的思緒早就跑掉，說不定你錯失了最棒的筆記內容。**

不過格式與條理還是很重要的，最好能恰到好處。

你應該也遇過這樣的困擾：聽著老師講解，快速把聽到的每個重點記錄下來，覺得自己好像記了很多，但事後回頭看筆記，覺得一團混亂！甚至看不懂自己到底在寫什麼？或是原本誤以為內容豐富的筆記，卻很多重複內容，發現真正的重點並沒有記到？於是你還要再花很多時間重新整理一次筆記？

有沒有什麼有效的筆記方法，可以讓我第一次聽老師講一個全新主題，或是第一次看一本書、第一次整理一份資料時，就能快速的整理出重點？寫出有架構的筆記？並且下次使用時可以有效再利用呢？

我自己有一個很簡單很簡單的筆記方法，説出來沒什麼稀奇，而且立刻就能學會。但我也發現很多朋友做筆記時，沒想到用這個邏輯去寫，導致「第一次」的筆記常常混亂沒有章法。

這個筆記方法，我稱之為「主題樹狀法」。

■ 「主題樹狀筆記法」的原則與範例

「主題樹狀法」簡單的說，就是利用「主題編號、樹狀階層」的形式來寫筆記。

重點是，並非寫一段段的描述文字，也非單純條例重點，一定要同時符合「樹狀階層、主題編號」兩個原則。

範例如下，看到這樣的「主題樹狀大綱」，你大概也能掌握我這篇文章的主要內容。而當我自己構思時這樣做筆記，也可以很輕鬆地把思緒整理起來，並且保持下次思考時的延續。

1. 優點：
   1.1. 簡單易學
   1.2. 筆記快速
   1.3. 比畫表格更快更有效
2. 破解什麼問題：
   2.1. 筆記沒有條理，沒有前後關聯
       2.1.1. 大綱目錄，強迫自己建立架構
       2.1.2. 自然而然地建立關聯
   2.2. 紀錄時不思考，不抓出自己的重點
       2.2.1. 強迫自己問自己：重點是什麼？
       2.2.2. 主題是什麼？
   2.3. 可以同時展開多個主題的整理
       2.3.1. 一本書、一堂課，一定有多個主題

3. 方法：
    3.1. 聽到大重點，建立一個主題
    3.2. 相關子重點，列舉到相關主題下
    3.3. 描述內容，也轉化成重點大綱格式
    3.4. 根據主題大綱，一邊記就一邊建立重點分類
    3.5. 根據邏輯次序，一邊記就一邊理清思路
    3.6. 善用數位大綱，可以隨時調整邏輯，隨時插入新重點

■ 「主題樹狀筆記法」要解決的三個問題

為什麼要這樣做筆記呢？要破解三個問題：「筆記順序散亂、理路缺乏邏輯、重點混雜不清」，還有因此導致的要重複整理筆記的問題。

第一個問題，筆記順序雜亂

如果只是跟著上課或書本的順序寫筆記，很難把前後相關的重點整理在一起，也很難把同類的重點做分類，於是你的筆記裡重點可能是七零八落的。這時候，善用「樹狀大綱」的分層梳理方式，可以在做筆記時，就做好重複重點的整合、相關理路的整理，讓筆記不分散。

第二個問題，理路缺乏邏輯

筆記目的是重點整理，而老師上課或書本閱讀時，為了解釋清楚會參雜很多額外資訊，筆記並不需要把這些全部都寫下來。但我們很容易陷入什麼都寫的迷思，自己不思考，只是一股腦全部照抄的筆記，反而事後自己更難看得懂！這時候，「主題思考」、「大綱分類」的筆記法**可以強迫我們問自己：「主要重點是什麼？邏輯順序是什**

麼？」自然做出有自己思考的筆記。

第三個問題，重點混雜不清

　　一本書、一堂課，他的知識脈絡通常是多線劇情，例如要解決什麼問題？採用什麼方式？有哪幾種策略？這多條線在上課與閱讀時，通常是同時多線進行。如果筆記把他們全混在一起，事後就很難梳理。而「大綱階層」，就能適合同時展開多條線索，每次找到哪一條線索的新重點，就納入該條線索中，多條線索可以同時整理。

■ 「主題樹狀筆記法」的實際執行策略

　　相信大家都會做大綱，也都會做樹狀資料整理，看了上面的範例，以及要解決的問題，應該已經掌握這個筆記方法的八九成了！

　　其實真的很簡單，只是我們要改變一下習慣，把筆記變成「主題大綱」，而不是單純描述或條列的筆記即可。

　　但是實作時，當然還是有「怎麼做」的實戰經驗，下面就來分享，我自己具體在執行「主題大綱式筆記法」時，有三個主要採用的策略。

1. 抓大重點，展開多條主題線

　　無論是我自己在構思一篇文章，或是我在讀一本書，還是上一堂課，或是開一次會。總之在做這些筆記時，我第一個思考的問題都是：「先抓出大重點」。

　　假設我正在聽課，聽到老師說「這是寫作的套路」、「這是推廣內容方法」，我就會先把這兩個大重點抓出來，展開兩條主題線，接著聽到老師說到跟寫作套路相關的重點，或是我自己延伸想到的推廣內

容方法，我就筆記到兩條主題線下面的階層中。

在筆記時，以開啟「主題線」優先，之後相關的重點就納入同一條主題線，自然筆記不會混亂，而且把所有相關重點自然地整理在一起（即使他們在課堂或書本上沒有同時出現）。

而且主題線可以一邊聽，一邊開啟，只要聽到：「這好像是一個新的大重點」，那就開啟一條新的主題線來記錄他。

很多時候我們寫筆記，就是忘了「要用主題式的重點」去整理，導致整篇筆記沒有重點。

2. 盡可能把內容轉換成樹狀大綱格式

有時候有些筆記內容一開始是描述性的，例如我可能在書裡讀到這樣一段話：「執行深度工作，有價值工作。不要再用事情本身重不重要來區分，而是要思考需不需要我發揮專業技術、思考能力？完成後會不會有高價值？是不是自我實現？要用這些條件來決定事情是否重要。」

如果要整理成筆記，就把他轉成樹狀大綱格式：

1. 什麼事情才重要？
   1.1. 不是事情本身重不重要。
   1.2. 能不能發揮我的專業技術。
      1.2.1. 從我的立場思考
   1.3. 能不能讓我的思考成長。
      1.3.1. 能夠帶來成長
   1.4. 完成後有沒有高價值。
      1.4.1. 事情的回報並不相等

1.5. 完成後是否達成某種自我實現。

利用「樹狀大綱格式」，相比一般描述性的文字，在筆記重點時更快速，而且能夠讓我們「用邏輯去整理重點」。

不是說描述性文字不好，你看我寫這篇文章，也一定要回到描述性的文字。但我們現在談的是「寫筆記」，是「筆記重點」，所以這時候更適合「樹狀大綱格式」。

尤其我們很容易在寫筆記時，只是抄，不思考，這是一個大問題。

但如果用「樹狀大綱格式」來寫，我們就能自然的去理清思路。

多在主題線下延伸思考

最後補充一個我一定會採用的策略，前面一個範例其實已經示範了，就是在這樣的「主題樹狀筆記」內，我會利用更深一層的階層，在重點下筆記我的延伸思考，讓我的筆記內容，超出原本的內容。

而且應該說，正是這樣的「主題大綱筆記法」，讓我可以很輕鬆地在每個主題、每個子重點下，繼續延伸我的思考，而有自己思考的筆記會更有意義。

這個筆記法的另外一個優點，就是非常簡單易用，筆記時會比還要畫表格等更快速，而又能把課堂、書本、研究的資料「在第一次寫筆記時」，就立即做出有效筆記整理。

1-9 精煉過去的元經驗筆記

過去的事情沒有被精煉，就沒辦法被未來利用

在本書開頭的第一篇文章，我就提到了這樣的例子：以前剛進職場，為了學習新工作，每天拼命的做筆記，把工作上發生的大小事情，以及我的反省，都一一的記錄下來。那時候覺得這樣寫日記應該很有用。

但過了一段時間，開始發現自己日記雖然寫的勤，但工作好像沒什麼進步，常犯的錯還是一犯再犯，常漏掉的事情還是會漏掉，只是重複在日記上繼續不斷紀錄與反省一樣的事情而已。

那時候覺得這樣寫日記打擊很大，一直重複類似的反省，最後反省也疲乏了。於是我開始想，是哪裡做錯了呢？為什麼勤勞的紀錄流水帳，但事後的效用卻很低？

除了前面提到的，缺乏創造、沒有改變、遺失行動等問題外，還有一個關鍵的問題，那就是相較於「記錄經驗」，更有效的筆記方法是「精煉」你的過去經驗，發展出真正可以被重複利用的「元經驗。」

> **元經驗，是可以被反覆利用的最小經驗單位。**

■ 只有經驗，並沒有辦法利用經驗

記得有一陣子，剛好我每隔幾個月要辦一次大型活動，一開始很新鮮，每次活動我都很認真地列出待辦任務，並且一邊做，一邊把做了哪些事情都記錄下來，例如約了哪些來賓？訂了什麼流程？設計了怎樣的報名文案？定了多少票價？我覺得我把任務筆記做的夠詳細了。

可是後來我發現，之後我要辦活動時，回頭去看之前幾次辦不同活動的筆記，內容是很詳細，但都是很多任務混雜在一起的流水帳，當初各自執行時沒問題，但事後要參考時，這樣混雜的流水帳看不出什麼結構，也找不出什麼可以依循的方針，而且多次不同活動之間好像沒有彼此參考的價值。

尤其因為每次活動都是不同的主題和內容，看著內容各自不同的活動筆記，也不知道如何參考起。

■ 特別寫的「元經驗」筆記

你也發現自己的筆記與日記，即使再詳細，但除了當下紀錄時有用，事後的參考價值卻很低嗎？這是出了什麼問題呢？

我後來做了一個不同的練習，那就是我在一般任務筆記之外，特別獨立出一頁「元經驗筆記」。

同樣是每次辦大型活動的筆記，我會另外思考在這次發生的事情背後的「元經驗」是什麼？然後寫進一則統一的「辦活動元經驗」筆記裡，所謂統一，就是每次辦活動我都在這同一則「辦活動元經驗」筆記調整我的元經驗。

例如在記錄每次活動實際的文案內容後，我就來到「元經驗筆記」：

寫下「可以重複利用的經驗架構」是什麼？

這時我在文案設計的元經驗筆記寫下：

1. 打中人心的一句大標語
2. 這個活動會帶你做些什麼
3. 做完後你會獲得的具體收穫
4. 什麼人適合來參加這活動

這就是一個設計活動文案的「元經驗」，不一定是實際經驗的內容，但是是實際經驗背後的結構。就算每次活動內容不一樣，我下次卻可以照這個架構開始發想。

又或者我在這次辦活動的過程中，發現有哪些資訊一定要寫到，這時候我不只是記錄這次活動寫了什麼，而是抽離出元經驗，在筆記中記錄下「活動名稱、活動時間、活動地點、交通方式、報名須知、價格特惠、活動 FAQ」，內容不重要，但有了這個元經驗結構，下次我就可以重複利用。

我後來在工作、生活上，就養成了這樣的「做元經驗筆記」的習慣：**不只是寫下經驗了什麼，而是拆解出經驗背後的結構、規則，因為那才是可以重複利用、方便組合的元經驗。**你的筆記或日記，還在重複著記錄卻無效的循環嗎？那麼推薦你可以跟著我來試試看，筆記「元經驗」，而不只是個別經驗的方法，因為「元經驗」才是可以重複利用的有效筆記。

二、
筆記整理
以行動為目標做選擇

關鍵不在整理，而在你要做出什麼選擇。

你需要的不是去分析物品，而是要先找到自己。

分類不是最需要的整理方法，決定事物的行動、價值、連結才是。

資訊焦慮是一個假議題，只是我們沒有為自己做主整理的藉口。

整理是稍後處理的最好藉口，但只有開始行動才有價值。

我們誤以為要整理別人的精華，卻忘了真正該整理的是自己的實踐。

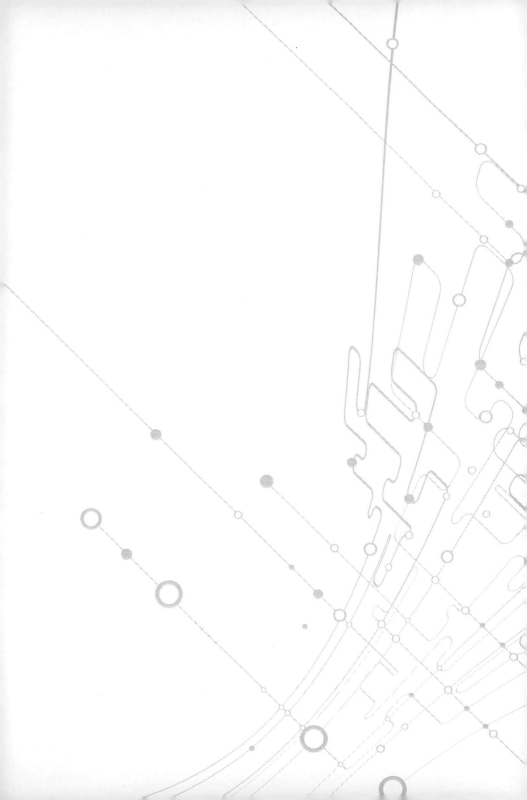

2-1 整理其實是一種主觀選擇

為什麼整理常常給你焦慮，又做不好？

因為關鍵不在整理，而在你要做出什麼選擇

在完成第一章的筆記技巧，練習了以「改變」為中心的筆記輸入方法後，我們可以發現，只有真正為自己而寫的筆記，才能創造有效的改變，而改變是筆記的核心目的。

同樣的，第二章我們來到筆記與整理的問題，談到整理，通常我們想到的就是整齊、有條理、分門別類、建立系統，當然，如果你的工作真的是要做一個讓大家都可以使用的資料整理時（例如整理圖書館架上的書籍、整理辦公室共用的資料庫），那麼你必須鉅細彌遺把任何人可能用到的資料做好分類，確實需要這樣去做整理。

可是，當回歸到我個人所需要的整理時：

> **我們真正的目的通常不是要讓「資料對象」很整齊，而是要產生「對我來說」有效的行動。**

你在生活中或許常聽到一個孩子對父母常常用的藉口：「我的房間雖然亂，但是我都知道自己要用的東西在哪裡。但是一旦你幫我整理好，我反而找不到我要的東西了。」這有時候其實也不是藉口，因為

整理的目的，就是我能最順暢的使用，要思考的關鍵是：「我會如何使用？我想要如何使用？」

■ 不是為對象做整理，而是在主體做選擇

最近剛好遇到親友找我幫忙，他說想請我幫他備份 LINE 上面的聊天對話記錄，因為他現在雖然不需要，但怕以後要換手機時，或是臨時狀況，找不回裡面需要的重要對話記錄。所以，朋友希望能教他，怎麼隨時備份手機的對話記錄，然後在需要時還原。

當然，我可以幫他做到，但是我自己其實不會這樣做。即使是有很好的雲端同步機制的即時通，例如 Telegram，他的對話記錄無論換裝置或換系統，都能重新看到之前的所有記錄。但即使如此，我真正整理即時通紀錄的方式，也不是依靠他的自動同步。

因為，我並不需要備份所有的對話記錄，在那些即時通對話資料裡，其實有大多數是真正無用的資料，可能是閒聊，可能是問候，可能是不重要的事情，**如果思維是「要去整理所有資料」，那麼就會變成花很多時間在整理無用的資料**，這樣整理就很有壓力，但產能不高，還會造成整理的混亂，因為裡面參雜太多雜訊。

> **你不需要整理所有資料**
> **只需要整理成對你有用資料。**

更進一步的，糾結在備份還原所有的對話記錄上時，是在「為對象做整理」，這樣整理完後，對象還是對象，對話記錄還是那些對話記錄，跟你有什麼關係呢？我的意思是，哪些對話記錄跟你的 A 工作有關？哪些對話記錄是你和女友的甜美回憶？這些「你的主體」有呈現在你的整理中嗎？

所以更往前推一步，真正對我有效的整理方式，應該是我把 A 工作相關的對話記錄截圖或複製下來，貼到 A 工作的筆記中，甚至在筆記中整理出工作流程和註記。把這些對話記錄拆解、重組，變成真正對我行動有幫助的流程。

> ## 你真正應該整理的是你的行動流程，
> ## 並選擇你的行動。

　　以這樣的例子來說，當我最後完成即時通對話記錄的整理，我的整理結果不是一個檔案資料夾，而應該是一個「我可以怎麼完成工作」、「我想要如何回憶關係」的行動流程，這時候，資料不再只是資料，而是變成我的行動了。

　　這就是有效的整理，其中的關鍵之一，就跟前面提到的筆記輸入一樣，**不在於鉅細彌遺，而在於「我想要變成什麼」，然後從一大堆等待整理的東西中作出「我的價值選擇」，我稱之為「主觀選擇」**，代表這是為我而做的整理。

■ 整理時，勇敢做出你的主觀選擇

　　一樣的資料，不同人整理可以產生不同整理方式。同樣的內容，不同人筆記，也應該寫出完全不同的筆記。這樣的結果本身，才是最好的整理與筆記狀態。

> ## 「主觀選擇」，是一個工作者
> ## 所能做的最好整理決定。

　　有了「主觀選擇」，表示我對自己或這件事有一個具體期待，我想要變成一個怎麼樣的人，我想要擁有什麼樣的工作方式，於是我做出「主觀的選擇」和「主觀的整理」，我在這過程中會勇敢地拋棄一些東西，勇敢地改變一些東西的次序，因為我不再是為了對象而做，而是為我自己而做。

　　在資料、工作與時間管理上，如果缺乏主觀選擇，反而會陷入忙東忙西，花費很多時間，完成所有客觀上要做的事情，達成外在客觀的條件，但卻沒有感受到成就感、沒辦法體驗到幸福滿足，也沒辦法創造自己的行動。

主觀選擇的整理	我想要變成什麼？
	我不要什麼？
	我決定什麼？
	我想要怎麼使用資料？
一般的整理	資料有什麼？
	資料屬性是什麼？
	資料怎麼保存？

　　前陣子有讀者詢問我：他很想晚上有空檔時看書、寫文章、運動，也想像我一樣可以玩想玩的遊戲，但時間就是不夠。

　　客觀條件上，看書、寫文章、運動、玩遊戲都是我需要的行動，全部都滿足似乎是客觀上最完美的狀態，但真的是這樣嗎？我認為就算是時間充足到可以讓我全部完成看書、寫文章、運動與玩遊戲，我也不一定會感到滿意。因為我可能只是在填滿時間而已！

問題的本質不在於時間多寡，也不在於我需要什麼，而在於我有沒有「主觀選擇」我想變成什麼樣子的人。**所謂的成就感與幸福，不只在於外在客觀條件的算計，更在於「我成為我自己選擇的那樣的人」，所以如果一開始沒有主觀選擇，最後也無法滿足。**

時間管理是如此，資料整理也是如此，任務與筆記的整理同樣如此。

■ 整理的五個層次

在思考如何「做出有效整理」的過程中，我將整理分成了五種情況，並畫成了後面一張金字塔圖。

「沒做整理」：

當然，整理是一件費時間的事情，我們很有可能根本就沒做整理，讓資料、任務、筆記就散落在那邊，這樣使用時自然雜亂無章。更進一步的，這些所說的「沒做整理」，還包含第一章提到的單純複製、抄寫筆記，這樣的筆記跟沒整理一樣。

「被動整理」：

大多數時候，我們喜歡偷懶去用別人整理好的東西。例如上臉書看新聞，被臉書的挑選機制決定我要看什麼，看似有選擇，卻大多時候被選擇。例如別人叫我做事情我就去做，跟著郵件做決定，看似有做選擇，其實是被別人主導選擇。照著別人的整理走，最後依然無法走到自己想要的目標。

「功能整理」：

當然外在的事物都有其功能、屬性，如果只考慮功能和屬性來整理，似乎是很直覺簡單的方法，但是也無法找到你想要的完美整理，因為任何功能都有優缺點，任何資料都有千百種整理方式，你只會愈整理愈焦慮。

「需求整理」：

能夠依據個人需求來做整理，已經很好，但可能還不夠，你有沒有發現常常需求很多，於是煩惱更多，感覺每個都需要，感覺這樣整理也很適合我，那樣整理也很適合我，最後怎麼整理都還是無法滿意？

> **因為考量需求雖然很好，但只是考量了「要解決的問題」，卻沒有考量「我想變成什麼樣的想像」。**

就像我第一章提到的筆記三個關鍵問題裡，沒有去問最後最關鍵的問題。

當然，我們免不了在上面幾種選擇與整理中徘徊，因為我們是人，有時候就是懶得整理，或是做一些簡單的整理，這無可厚非。

「主觀選擇的整理」：

但是，卻不要忘記還有最後一個選擇與整理的層次：「主觀選擇的整理」，這個整理從前面的客觀功能、需求出發，但不只問自己需要什麼，更問自己想要變成什麼樣，然後把萬事萬物整理成自己「行動時想要」的那個樣子。

無論是「資料的整理」、「任務的整理」還是「人生的整理」，這個主觀選擇的核心，都是讓整理可以有效產生行動，最重要的關鍵。

整理時，不要害怕自己丟棄了什麼、遺漏了什麼，因為當真的做了這些主觀捨棄時，正代表你創造了什麼。

整理的金字塔

整理時，不要害怕自己丟棄了什麼、遺漏了什麼，因為當真的做了這些主觀捨棄時，正代表你創造了什麼。

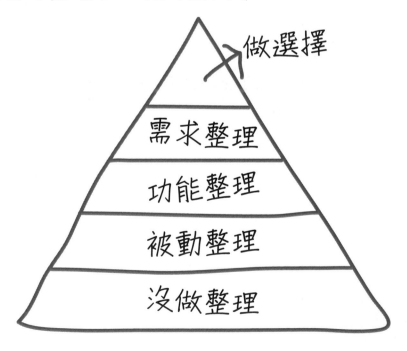

2-2 真正需要的不是斷捨離

整理時，你需要的不是去分析物品，而是要先找到自己

　　做出主觀選擇，這是在所有筆記、整理時的第一優先行動，優先於所有的分類，也優先於所有的捨棄。而不一定需要捨棄完了，我才能做選擇。這個意思是，確實也可以捨棄無用物品後，幫助我更容易做出選擇，**但就算我沒有花時間先去捨棄，如果我先做出選擇，那整理也就完成了。**

　　這就像有的人桌子很亂，有的人桌子很整齊，但桌子很亂的人也可能效率很高，而桌子整齊的人也有可能都是把時間花在整理而已。整理與否跟你的效率沒有一定關聯，但是「有沒有做出主觀選擇」則和效率有必然的關係。

■ 你才是主角

　　在整理思考的第二篇，讓我們聊一聊最流行的一個整理觀念：「斷捨離」。

　　「斷捨離」是日本作家、演講家與整理術專家山下英子所提出的概念，相信很多朋友都看過這本書，或是多多少少在不同文章裡看到類

似想法，書中提出的「斷絕不需要的東西、捨去多餘的事物、脫離對物品的執著」三個「斷、捨、離」方法，是被大多數朋友喜愛與執行的生活習慣。

這三個方法確實很有震撼力，也很有道理，於是我一開始練習這個方法時，也是聚焦在「清空、捨棄」這樣的整理步驟上。但又長了幾歲後，我的想法與方法慢慢改變，我開始發現斷捨離的核心不是清理，而是如何建立一條對自己最直覺、舒適、擁有最大回饋價值的行動流程（無論這是妳居家環境的動線流程，還是你的工作流程），或者說，**如何採取一個更直接、更有效、更清楚的行動。**

清理與捨棄是他富有魅力的步驟，斷捨離也以此為名，但「斷捨離」真正的核心精神，其實是：

> ## 以「自己」而不是「物品」為主角，
> ## 也就是做出你的主觀選擇。

■ 找回你自己

我們在筆記與整理中遇到的困境，跟我在人生和工作裡遇到的困境是一致的，**都不是什麼技巧的問題，而是「有沒有找到自己」的問題。**

我認為斷捨離是一種「最自私」的整理術，但這正是身處網路時代的我們所需要的。

因為在社群的每天轟炸中，我們總是把自己投射到群體的喜好，在別人的風景中迷思了自己真正想要什麼的道路，我們誤以為「自我」因為社群帳號的追蹤、按讚、分享而抬高地位，卻常常深夜自省時感到空虛，因為真正的自我被外在的追求所淹沒了。

　　就像山下英子的家居整理、人生整理術裡，告訴我們沒辦法因為累積更多物品來滿足自己，反而是捨棄物品後，我們才找回自我。

　　在數位時代，當各種雲端服務隨時隨地都想要跟你「連結」，當別人隨時隨地都能透過網路「找到」你，當你自己隨時都能拿起手機發現「新物品」、「新資訊」、「新任物」，我們就不斷的被外物所「煩忙」，以為自己有事可做，卻失去了「自己找到自己」的時間。

　　這時候，我們需要「更自私的整理術」，重新來找回自己。

　　要怎麼找回自己呢？在這邊我有比較不一樣的想法，**我認為不需要從捨棄、整理上去拼湊，而應該直接探尋自己：**

- ✔ 為什麼會這樣？
- ✔ 我是怎麼想的？
- ✔ 我想要變成怎麼樣？

　　先找回你自己，你才知道怎麼捨棄與整裡。

■ 由你賦予價值

　　我覺得「捨棄」在這個網路數位時代慢慢的不是一個最適當的表達方法，因為在不斷網路連結的過程中你很難真正捨棄什麼東西，甚至你會不斷的被增加東西，但你也很難真正擁有什麼。

　　雖然思考什麼要捨棄？思考什麼要留下來？依然是一個有效的方法，只是他的目標應該替換成：「反思事物對我的意義與價值」。

　　丟掉什麼東西不重要，重要的是這個「捨與留」的過程裡，有沒有思考每一個工具、每一個資訊的意義，並且「由我自己賦予這個工

具、資訊、任務價值」。

尤其在工具這麼多、選擇這麼多的網路時代，每個工具看起來都功能豐富，怎麼選擇去留？如果我們只是跟著工具的功能去跑，那麼永遠有用不完的工具、沒有滿意的工具，只有自己主動賦予工具、社群一個「我給他的定位」，那麼你才能成為數位的主人。

整理也是如此。

2-3 資訊爆炸時代的整理技巧

分類不是最需要的整理方法，決定事物的行動、價值、連結才是

　　本章開頭兩篇文章，我們討論了整理的關鍵思考：「做出你才是主角的主觀選擇」。我們就可以更隨心所欲的，做有彈性且屬於自己的整理。

　　我們面臨著一個資料與資訊量都非常龐大的工作環境，面對爆炸的資料量，應該如何整理才好呢？幸運的是，我們也身處一個數位科技持續發展的時代，在這樣的時代裡，有更好的數位工具，可以幫助我們用「不一樣的思維」完成有效的資料整理。

　　方法與工具，互相搭配，可以獲得更大的效率改變。我自己的工作剛好需要大量的文件整理、靈感整理、素材整理與經驗整理，所以下面的整理方法，也會和我的工作方式息息相關。

■ 一物沒有定位

　　一個素材與想法，對我來說有可能用在 A 設計上，也有可能用到 B 文章中。一份文件可以被 A 專案使用，也可能被 B 專案使用。我的經驗是一個資料常常有很多用途，但是資料夾分類強迫資料只能出

現在一個位置上，這就不太符合我的實際使用經驗。

而這也造成怎麼分類都不對，怎麼分類都不完美的窘境，如果硬要分類，就造成分類的焦慮，但實際上並非我們不善於分類。

> **而是知識與訊息本來就難以完美分類，因為他們是沒有單一定位的，同時具有多種用途的。**

這時候，一個具備「Tag 標籤」的工具，會更適合數位時代的分類需求，例如 Firefox 書籤上的標籤、Evernote 筆記上的標籤、Trello 卡片上的標籤、Flickr 相簿中的標籤，讓我可以在一則筆記上，用標籤標註他的所有用途，讓一則資料可以出現在多個位子上。

例如這份資料，我在寫這本筆記書時用得到，我在要製作另一個時間管理課程時也用得到，我用「自己的行動選擇」來分類這份資料，但是他有兩個位子，那麼我就加上兩個標籤，這樣無論在哪個標籤分類位置，都能找到他。

■ 整理就是幫事物決定行動

整理有兩個取向，一個是整理得很整齊，另一個是整理得「很有用」。

在家裡大掃除時，把所有東西都收納好，讓整個家非常乾淨，這是整理得很整齊。但如果考量到方便取用、方便找到，讓物品在他應該被使用的地方出現，那麼或許就會有不同的整理方式。例如我們家，會把出門要用的東西，想到時就放在門口的矮凳上，看起來或許不是收納好，但卻確保我們行動時一定會用到、一定會記得。

分類不是為了把東西擺整齊，應該是為了使用他，所以要從使用它的角度來分類：

✓ 一方面是把東西擺在我會使用他的地方。

✓ 一方面是把東西本身變得有用。

例如我在 Windows 上很喜歡使用「Fences」這個桌面整理軟體，我喜歡把要處理的檔案擺在桌面上，這或許違反了一些桌面乾淨的原則，但是卻可以讓東西出現在我更容易使用到他的地方。

又或者我在整理硬碟時，會把今年正在執行、準備執行的專案放在根目錄，用數字讓其依照使用進度排序，不把它們隱藏到樹狀資料夾中，這也是為了更方便使用而整理。

還有收納知識資料時，還記得第一章我們提到的「三層筆記方法」嗎？第一層就是行動。

> **在收集資料當下就要把資料變成有用的行動，而這就是最有效的整理。**

例如我寫下一則讀書心得，那麼這則心得要指引我去採取什麼行動呢？把這些變成筆記的內容，讓筆記本身就是行動索引，我認為沒有行動的資料都是無效的資料，因為在 Google 時代，誰都能在網路上搜尋到這些無效資料，重要的是我採取什麼行動。

或者說，我要賦予資料什麼行動？**因為資料本身是死的，他不會行動，你把它收納整理好，他更加無法行動，除非我們不是整理他，而是把它納入我們真正行動的工作流程中。**

■ 整理就是幫事物判斷價值

事物自身的屬性、資料內容的特徵，不是不重要，而是在數位工具裡擁有「搜尋關鍵字」這個功能，「搜尋」往往可以幫我找到指定屬性、內容的事物，就像 Google 關鍵字搜尋取代早期網路的分類目錄一樣，既然可以搜尋就找到，我何必多花時間去針對屬性和內容分類。

如果我要找到 A 客戶的郵件，郵件裡總會出現 A 客戶的名稱，那麼我在 Gmail 或 Outllok 搜尋 A 客戶名稱就可以找到這些郵件。如果我要找汽車保險的文件，文件裡一定會出現汽車保險的關鍵字，無論 Google 雲端硬碟或 Evernote 的搜尋一樣可以找到他們。

甚至如果像是 Google 相簿，人工智慧幫你自動辨識出照片的「內容」了，要找櫻花、煙火、台北 101 ，輸入關鍵字，辨識出內容的 Google 相簿就能找到。這時候如果我們還在花很多時間對屬性、內容做分類，就很有可能多浪費時間。

> **到了數位科技時代，**
> **或許只有「我的價值判斷」會是有用的分類。**

就像第一章中，我也提到在筆記中複製內容，產能很低，因為手動複製很慢，而且數位時代有更快速地複製資料方法：剪貼、下載、掃描、拍照等等。

例如在郵件整理中，整個郵件信箱裡哪些郵件是「重要」郵件？哪些郵件是「要追蹤」？哪些郵件是「等待處理」？這些「價值判斷」沒辦法自動用關鍵字搜尋，因為那是我自己的判斷，所以我就必須自己分類。

■ 思考並創造資料間的連結

資料與知識不僅一物沒有定位（因為同時適合多個位子），而且事物之間彼此有關聯，這張名片和某個合約有關，這份合約和某一次的會議紀錄有關，那次會議記錄又和某個專案計畫有關。

資料與知識難以分類的另一個重大原因，就是因為他們彼此有千絲萬縷的關聯性，一旦分類了，反而可能阻斷了關聯性，導致尋找、使用、整合資料的麻煩。例如明明是相關的名片與合約，結果合約放在辦公桌抽屜，名片放在家裡的名片本，這樣關係很可能就斷裂，以後使用上更加不易。

> *所以要「讓知識與資料統一在一起」，並「建立知識與資料之間的連結」，幫我們以後更容易按圖索驥。*

這就是我很推薦像是 Evernote 或 Onenote 這類真正知識整理工具中的「記事連結」功能的原因，就像維基百科那樣，在每一次紀錄資料時，就要隨時去建立這則資料與其他資料間的記事連結，利用這些知識庫軟體讓「資料統一在一起」，更要讓「資料彼此間的關係也被保存下來」。

> *當然，我們不可能把這件事做到完美，也就是我們不可能去建立所有的資料連結，那太可怕，也沒有必要。我們只要盡可能的在每次新增資料時，去建立當下想到的連結就好，因為*

> **只要建立起一部分，對未來的索引、整合工作都會有助益。**

大腦的運作其實也是這樣的連結，就好像拼圖一樣，從 A 想到 B，然後產生一個體系。但如果我們只單獨儲存 A 與 B，時間久了，之間的連結斷了，那麼後面那個重要的體系也就失去了。

所以整理效果不彰，另外一個關鍵就是，只有分類，沒有建立彼此之間的連結。

■ 破壞分類之牆並產生重組

分類不僅耗費時間，而且如果是沒有自主選擇的分類還無法產生行動，甚至過多的分類可能導致資料間彼此創意的火花被破壞掉。

資料整理最有趣的是，也有很多時刻，連結會產生在我們意想不到的地方。就好像我把好幾個書櫃推倒，讓各種分類的書混在一起，然後我忽然看出原本沒有想到的這本書與那本書的關聯一樣，靈感的火花常常就發生在這些訊息意外會面的時刻。

有意思的新構思，常常產生於意想不到的組合，但太過嚴謹的分類有可能阻礙了這種機會，妨礙了不同資料之間碰面產生連結的機會。

> **太有條理，反而效率與創意都降低**

所以我的整理方法是，分類可以搭配行動、判斷價值即可，但不需要為了資料的內容去做太仔細分類，反而應該「開放資料的圍欄」，讓各種類型資料混雜在一起，常常透過搜尋、重組，讓這些四面八方的資料碰撞，產生自己需要的意外火花。

2-4 如何有效收集爆量的資訊？

資訊焦慮是一個假議題，只是我們沒有為自己做主整理的藉口

前面三篇，講完整理的基本方法，後面我會舉更多實際的例子，來驗證這樣的整理邏輯，在閱讀筆記、學習筆記、會議筆記上的實際應用。

不過在那之前，我們先來聊聊另外一個很多朋友遇到的整理問題：怎麼面對現在網路上爆炸的資訊？怎麼有效地收集這些資訊？並且不成為負擔，而是可以被利用的筆記整理。

有效收集資料，做好自己的知識管理，我覺得有兩大前提要掌握住：「**參與性**」、「**長期性**」。

任何人都有收集資料的需求，例如要收集很多新聞事件、評論、分析報告，來作為自己撰寫新文章或企劃的素材。例如正在研究手沖咖啡的學習者，需要收集器材鑑賞、沖泡法教學、自己的學習心得，方便自己學習與複習。

為了讓收集的資料以後有用，首先我們「不能只是收集死資料」，而要讓自己「參與到資料當中」，這包含了：幫資料下註解、畫重點、整合相關資料、作目的性分類整理等等，以及去實驗和驗證自己的資料。

而且對於知識工作者與學習者來說，**收集資料「不應該是偶一為之」**，不是遇到才想到的行為，而是一個「**長期持續的習慣**」，針對一個具有未來性的需求，不斷地收集、內化、整理自己的資料庫，從而在不知道什麼時候遇到問題當下（需要寫一篇文章、需要教別人泡咖啡），能夠立刻在自己的資料庫中找出資料來完成行動。

這正是所謂的「有效收集資料」。

如何做到呢？下面是我身為一個長期知識工作者與學習者的建議，分享對我個人來說很有用的流程。

■ 讓資料來源「個人化」且「自動化」

首先，我會建立自己獨一無二的資訊來源，並且讓這資訊管道自動化，每天把可能需要的資訊送到我的手上，而我可以在一個沒有額外干擾，統一簡潔的介面中處理分配這些資訊。

這裡最好的工具仍然是所謂的「RSS 閱讀器」。

我自己利用「Feedly」這個服務，選擇相關主題的部落格與網站，當這些來源有新文章發表時，我就可以在自己的 Feedly 閱讀器統一瀏覽。我每天早上會花大概 30 分鐘的時間做資訊的快速篩檢，如果一天內還有其他空檔，也會打開 Feedly 看看，累積各種以後可能會用到的資料。

我一向不喜歡把綜合性大媒體網站當作我的主要資訊來源，因為那等於是讓媒體決定我要看什麼。我也不信任 Facebook 這類社群有辦法提供我垂直綜深的主題知識，加上害怕社群過多雜訊。所以，我們必須自己選擇，自己動手來！

這個「個人化」與「自動化」的流程是很重要的，這樣每天就能自動接收到他們更新的文章，這是我個人化的報紙，也是一個自動化的累積我所選擇的資訊的資料庫。

■ 打破資訊氣泡的「他人觀點」與「世界觀點」

我完全不從社群收集資料嗎？當然不是，我也看社群，但那對我來說是收集資料的第二步驟。並且為了「打破社群氣泡」，第三步驟我還會輔助以 Google 搜尋。

我對目前常見的幾種資料來源，有下面這樣的價值判斷：

✓ 建立個人化自動資訊管道：自己的觀點

✓ 利用社群收集額外資訊：他人的觀點

✓ 利用搜尋突破資訊屏障：世界的觀點

上面收集資料的三管道缺一不可，而且他們的「使用順序」我認為很重要，我稱呼為是：「自己觀點、他人觀點、世界觀點」的三層拓展。

「自己觀點」：用 Feedly 這類訂閱工具收集那些自己最認同與信任的資訊來源，建立一個每天穩定擴充自己知識的管道，讓自己可以跟著這些作者一起成長，這是建立自己觀點的步驟。

「他人觀點」：但我們不能只侷限在自己的觀點，這時候「社群」確實是一個保持資料活水的方式，透過不斷吸收、衝撞他人的意見，來獲得自己觀點的更新。所以要閱讀社群，但這裡的社群不限於 Facebook，例如我寫一個部落格來跟大家討論，也是一種召喚他人觀點的社群。

「世界觀點」：但是朋友圈有朋友圈的侷限、國家社會有國家社會的視野侷限，要能看到更大世界的資料，發現反證的資料，那麼就要依靠 Google 搜尋，跳出自己習慣的資訊框架，嘗試找出不一樣的世界面向。

我的習慣是當從 Feedly 看到某些論點，或是在社群上看到某些資訊時，我不會立刻做最終判斷，而是會再利用 Google 搜尋多找找看，尤其嘗試搜尋反面論證，讓自己的視野可以更開拓。

拓展自己的觀點

有效地接受他人觀點的刺激，並且主動地向外尋求世界觀點的突破，那麼我們觀點的視野就是慢慢長大。

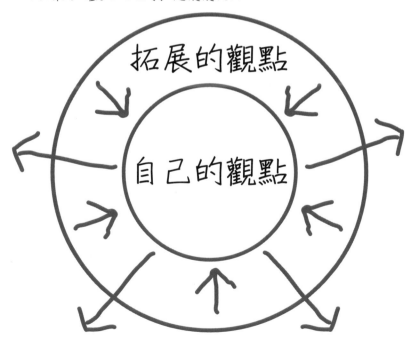

■ 不用擔心跳過 80% 的資訊

前面的方法中，我覺得應該已經盡可能用最好的方法獲得網路資料的收集來源了，當然我這裡略過了書本上的資料管道，在閱讀書本上，我覺得也是一樣可以從「自己」、「他人」、「世界」三層角度去思考怎麼挑選自己要讀的書。

但是光有資訊來源還不夠，接下來就是如何收集才有效率，並且有品質？面對龐大的資訊量，我會掌握下面這樣的處理原則。

80% 的資訊都可以跳過，即使是我自己收錄到 Feedly 的資訊，我也可能跳過 80% 是不讀的，而什麼是不能跳過的資訊呢？那就要回頭問自己，什麼是我現在最關注的主題？我想要找什麼樣的資訊？

或者要換個角度想上網這件事，我們是當作休閒一樣隨意看？還是既然花了一樣時間上網，不如把這些時間花在有目的的閱讀上？同樣時間產生更多價值，而且一樣有樂趣。

事實上，如果真的是很有熱門的資訊，那麼你第一時間跳過，第二、第三時間他們還會反覆出現，因為這就是熱門。另一方面，如果是對你有價值的資訊，你不應該是等著別人給你看，而是會在你主動的搜尋與研究中找到。

> **所以不用擔心錯過什麼資訊，**
> **只要擔心「你真正掌握的資訊」**
> **是不是有價值的即可，**

一直擔心錯過什麼資訊，好像要把所有資訊都看一遍，但問題是，單純的看、單純的收集，不會創造任何價值，對你來說產能還是 0 分。

相對的，如果能確實把握住當下這個資訊，好好閱讀、思考，並且用我在第一章教的筆記方法，轉化成讓自己可以改變的行動，那這時候你的產能就起碼有 60 分。

一來一往，**你應該就知道，錯過資訊不是問題，問題是你有沒有把資訊轉化成行動與產能。**

■ 資料是用來刺激自己的想法，所以優先收集想法

看到某篇文章好像有啟發的當下，我會盡可能當下把這篇文章讀完，因為這時候的啟發最大！並且最好能一邊閱讀、一邊畫重點、一邊做筆記，這就是我一開頭說的「參與性」，**收集資料最有價值的往往不是資料本身，而是你對這則資料的啟發、想像、延伸。**而且如果你不把這些記下來，就太可惜了，你下次再讀這則資料一定會全忘記。

我們為什麼要建立有效率又有效的資訊管道？我們為什麼要收集資料呢？雖然有些資料確實是參考性的，例如某某人講過的話、某某事件數據，但還有更多資料的用途其實是要「刺激自己的想法」。

從這個角度去想我要看什麼資料？我要讀什麼書？我要把哪些資料收集下來？這樣會有更大的機會建立有效的資料庫。

因為比起資料收集的完整性，我更應該先追求「思考筆記」（創變筆記）的完整性。而沒有想法的資料，收集下來日子久了大多也無用，反而造成資料庫的累贅。

2-5 不要稍後閱讀，直接行動

我們很樂於整理，因為那是稍後處理的最好藉口，
但只有開始行動才有價值

　　明天有一個很重要的專案要完成，今天要來熬夜寫完最後的報告，但是看到自己忙碌專案的這段時間，專案資料夾都還沒好好整理，那就先來整理好，說不定整理好，我完成報告會更有效率。真的嗎？不要騙自己了！整理很多時候，只是拖延「真的完成什麼事情」的行動的最好藉口而已。

> **我還不能做那件事，因為我還沒整理好，**
> **這是最大的謊言。**

　　延續前一篇文章的討論，裡面提到，關鍵不是我收集多少資料，那不會讓我加分，關鍵是我從資料裡產生哪些有價值的行動，只有有價值的行動才能創造我的產能。

　　就讓我們接著來聊聊數位資訊整理時代常見的另外一個整理難題：稍後閱讀，把很多想讀的文章收入稍後閱讀服務、瀏覽器書籤中，但愈積愈多，結果只是花很多時間收集，最後全部沒讀，這時候怎麼辦呢？

■ 從讀不完的稍後閱讀轉念

我自己近一年多的實踐是:「不使用稍後閱讀服務。」

不是稍後閱讀不好,有些人適合使用稍後閱讀服務,例如有完整的閱讀時間,或是平常工作忙碌但晚上有足夠的時間回顧閱讀。但如果你的時間比這樣還碎片化呢?有沒有可能有另外一種做法?

如果我們面臨的真實情況是:稍後都不讀怎麼辦?因為根本沒有時間再讀,或是有時間時又被其他新資訊牽走注意力。如果現在沒時間讀,其他時候其實也很難找出時間讀。

如果稍後閱讀累積太多內容,而變成另一個花時間的服務怎麼辦?大量的稍後閱讀文章,最後要花很多時間消化,這樣真的有節省時間嗎?如果又加上稍後閱讀流程,是不是多了一個流程?

■ 稍後閱讀的理想與現實

一開始稍後閱讀的理想是:「等我有時間時,可以仔細閱讀一篇好文章」。我當初介紹初代稍後閱讀經典服務「Instapaper」時,對他這句精神標語感動不已。

那是網路部落格剛興起,網路文章質量漸漸取代讀書時間時,提出的一個「深度閱讀網路文章」的方法。這概念來自 Instapaper 的開發者(不過開發者目前已經出售這個服務),但我至今也對這個想法深信不移:「好文章值得花時間精讀。」值得你用各種筆記方法去拆解它。

但是稍後閱讀可能遇到一個「跟原本理想背道而馳」的心理狀態:**「我想把沒時間讀的資訊都放入稍後閱讀」,結果你有沒有發現,這就和稍後閱讀的本意相違背了。**

　　雖然這可以說是個人自制力與使用方法的問題，但也確實很容易發生。甚至 Pocket 等稍後閱讀服務也慢慢把自己變成一個永遠讀不完的內容電視頻道，會不斷推送新內容，讓你可以不斷稍後閱讀。

　　如果稍後閱讀違背了「好好讀完一篇好文章」的本意，而變成「收集現在沒時間讀的文章」的工具，那麼長久下來它可能變成一個問題：「為什麼我總在沒時間讀的時候看文章？然後不斷收集沒時間讀的文章？」

> **整理，是要處理，**
> **而不是收集用不到的東西。**

■ 比稍後閱讀更積極一點：

　　尤其到了這個「社群取代網路」的時代，文章不再是靜態等著你去找，而是不斷主動推送到你的面前，或許我們應該採取「比稍後閱讀更積極一點」的做法，防止這種灌食式的餵養法。

　　關鍵的轉念可能在：「不是把資訊讀完，而是把資訊處理好」，我的方法就是：

> **當下閱讀、當下處理。**

　　關鍵不在於讀了多少，而是處理了多少。如果不再把資訊納入稍後閱讀流程，**而是聚焦在把可以處理份量的資訊納入處理流程，轉換成自己可以吸收的知識**，會不會更好呢？

第一步：選擇好你的「讀完」時間

不是設想如何讀完資訊，不要設想有時間稍後閱讀，而是思考「我可以花多少時間讀資訊」，時間到，就是「讀完」，也就沒有稍後閱讀。例如：

- ✔ 限制每天早上起床閱讀 30 分鐘。
- ✔ 限制工作到一段落，給自己 10 分鐘上網閱讀。
- ✔ 等到完成重要工作，可以有閱讀資訊的 20 分鐘獎勵。

然後那個當下就全力衝刺閱讀，這樣可以讀的更暢快。

第二步：選擇好你的資訊來源

有些資訊對你來說是可看可不看，但卻很容易耗掉閱讀時間，所以一開始就建立一個「只有自己需要的重要資訊」的管道。

這樣時間再短，也能優先留給最重要資訊的閱讀，就不需要稍後閱讀重要資訊了。而剩下的休閒或次要資訊，就算不稍後閱讀，就算沒讀完也沒關係。

第三步：當下閱讀，不需看完

在時間內能看多少就看多少，這是一個從 RSS 時代我就一直提倡的方法，不需讀完所有文章，不需把所有文章讀完，如果設定的時間到了，能看到多少重點都已經是收穫。

> *你讀到的，只要有「處理」，那麼都是*
> *「得到」，你不會因為沒讀完而損失。*

第四步：多進行資訊到知識的「轉換處理」

並且當下閱讀時，立刻就進行處理：畫上重點、寫下筆記、安排任務。這是把「資訊變現成知識」的過程：

✔ **畫上重點：變成以後方便引用的材料。**

✔ **寫下筆記：變成用自己的話解釋的自己知識。**

✔ **安排任務：變成自己親身實驗的經驗。**

與其留時間給稍後閱讀，繼續創造更多「只是閱讀的資訊」，或許你也可以跟著我試試看：「當下閱讀，當下處理」的新邏輯，創造更多「處理過」的轉換知識，而這樣的資料與筆記，才是真正可以帶給你改變行動的筆記。

2-6 承諾行動的關鍵整理原則

如何讓我的筆記、資料真正「動」起來，

而不再只是持續增加的死資料

有時候，我們會迷失在自己收集的資訊之中，因為對於拿這些資訊怎麼利用毫無想法。就像買了很多書，很想看，但從來沒看，反而在書櫃上讓人感覺更挫折。或是，在待辦清單排上很多想做要做的事情，但從來沒有完成待辦清單。這時候怎麼辦呢？

前面我提到了在收集的過程中，我們不需要為了很多沒收集到的資訊焦慮，因為關鍵是我們創造與改變了什麼。但這也不是說，如果大量收集就是錯的。這是兩個不同角度的兩件事。

不需要為了自己收集太多而感到焦慮或挫折，收集本身沒有錯。我看到一篇很棒的食記於是想要去吃，我想到一件想要去做的事情，我看到一個很想學習的新技能，我期待自己能去閱讀某一本書，因為有了這樣的「起心動念」，於是把這樣的念頭收集下來，以免自己忘記，並且期許自己以後可以去做，這有什麼錯呢？

而且這樣的收集也「沒有過多的問題」，甚至應該說，如果你跟我一樣是一個對很多事情都很容易感興趣，充滿好奇的人，更應該盡其可能的收集！

■ 大量收集也沒錯，只是你需要轉念

這時候，我需要的不是克制自己的收集收藏欲望，我需要的只是幾個步驟的轉念：

✔ 認知到我的收集大於我的時間，我不可能去完成所有的收集。

✔ 但我還是要先盡可能的收集，因為這是我寶貴的內心「期望」。

✔ 收集我的「期望」，可以幫我全面了解自己的欲望與責任。

✔ 我唯一需要的，是「提前」「比較」收集的東西之後，根據自己的期待，在整理時就「承諾」一個「行動決定」。

事實上，如果我大量收集了自己感興趣的餐廳，可以幫助自己更了解有哪些好餐廳，但無論時間和金錢上，我們都不可能去吃所有的餐廳，所以這些收集的餐廳裡，哪一間對你來說「更有衝動呢？」

大量收集了自己待辦的事項，看似無法全部完成，但卻能幫助我們了解自己有哪些事情可以做？需要做？並有效地從中「判斷真正重要的事情」。

反而是如果沒有事先大量的收集，有可能漏失了真正重要的事情。

■ 收集之後，需要以行動主導整理

但是，如果收集後，我們像是一個儲藏庫一樣把收集的東西都收納起來，如果我們只是根據物品本身來做分類，或者只是為了整齊而分類，那麼收集的東西放久了，當初收集他們的那個「起心動念的期望」會消失或遺忘，於是我失去了當初收集背後的「行動目的」，這樣一來，這些東西就真的變成只能放在儲藏庫裡的東西了。

> **關鍵不是我收集了太多東西，
> 而是我忘記太多收集的目的與期望。**

因此，前面的整理方法中，我有提到分類整理的思維要從「行動、價值」開始，而不是用事物本身的屬性去分類。

以收集了很多餐廳資訊為例，當我大量收集後，我需要的分類方式，不是根據餐廳的類型去分類，而是一個「對自己承諾以後會怎麼去這些餐廳」的行動分類。

以我為例，我的 Evernote 分類有一個標籤叫做「big day」（大日子），這個標籤用在哪裡呢？我在自己收集的大量餐廳、旅遊、景點筆記中，有一些很特殊但很高價、具有非常意義的地點，當初收集時是期待自己可以在重要的日子（例如和老婆的結婚紀念日）去「完成這個行動」，我就會把這些筆記加上「big day」標籤。

> **這樣的分類，就是一個以「行動」為指引的分
> 類，背後則是我當初收集並判斷後，許下的一
> 個「承諾」。**

於是當每一次我遇到「大日子」時，我就打開事先分類好的「big day」標籤，裡面有一份我許下承諾要一一去完成的美食旅遊計畫，我就挑一個來完成，這不僅幫助我減少選擇的困難，也提升我達成計畫的成就感。

■ 為什麼有選擇困難？忘記當初收集的感動

收集，幫助我們記住可能會忘記的人事物，但不能只是收集事物本身：

> **更應該收集的是「自己當下為什麼而收集的內心感動」，通常這些感動代表著某種我對自己期望能夠產生的行動。**

例如我很想要帶老婆去吃這家非常高級的餐廳，這時候收集的重點就不會只是這家餐廳，更應該收集「我很想要帶老婆去」這個感動與行動。

因為如果不這樣收集，那麼事後我可能會忘記這個感動，就像我買了一本書、記下一條待辦事項，收集的當下熱情無限，但不用等太久，很快的我遺忘了當初的觸動，於是這些收集而來的東西就變成冷冰冰的死東西了。

這其實不是我們收集太多，而是我們收集得還不夠！因為我們忘記去收集真正重要的東西，也就是「我那個當下的行動決定」。

■ 整理是對行動的承諾

> **整理，應該是一種主動的承諾，**
> **承諾自己以後要如何使用這個東西。**

我之所以這樣分類，代表我承諾自己以後要這樣行動，請試試看用上述的心情來重新分類你的收集或資料。

　這就是一種有效的整理術，並不是為了東西看起來很整齊而整理，也不是為了東西本身而收集，而是為了讓東西可以指引行動而整理，為了記住我對自己的期望而收集，那麼我們的整理就會開始變成更有效的整理了。

2-7 筆記回音整理法

筆記目的之一是學習，回音法的筆記整理
可以幫你真正學會

我記得以前大學上課時，那是一堂近代哲學的艱難課程，教授少寫板書，在台上就是滔滔不絕的講，而全班大多數同學都似懂非懂的望著老師，但我卻大多時候低著頭奮筆疾書，我的同學就問我：「沒有板書怎麼抄？」我說我不是在抄筆記，我是在把老師講到的理論，嘗試用我自己可以理解的說法再詮釋一遍，我是在「寫筆記」。

後來要期末考了，同學都說實在抓不到老師要考的重點，又因為太難，學期初講的哲學理論也忘得差不多了，所以要我開個讀書會，把老師上課的內容講解一次，我欣然應允，而且我也沒有額外準備，就是看著我整個學期的筆記，把這個近代哲學各個環節的理論「跟大家說明一次」，並解答同學提出的問題。

我自覺自己講的絕對沒有教授那麼嚴謹與深入，但我盡可能把握「我自己真的懂的部分」，用「我可以掌握的詞彙」來說，把這個哲學理論的思考流程，用我自己的話講解一遍，雖然沒有教授與課本上那麼精深，但後來聽過我讀書會的同學考試全部及格（甚至有同學說他放棄不看課本，就真的只聽我講的和看我的筆記），更有趣的是，我又是其中最高分的。

在這個案例中，我剛好掌握了一個有效學習的關鍵：我用自己的詞彙、理解和想法，重新建構出我要學習的系統。在這裡我稱之為：「筆記回音法」的學習方式：

創造我的回音，可以幫助我真正吸收與內化。

這是一個不要只是「抄筆記」、「畫重點」，而是開始學會「寫筆記」與「說筆記」的方法。

■ 是我寫與說出來的話，才代表我真懂

我想到我自己讀書時的另外一個習慣，到現在都是如此，無論是讀一般的理論書籍，或是讀準備考試的書籍，總之就是讀「學習類」的書，我常常會讀到精彩且深有領會處，不自覺站起來在書房裡踱步，假裝自己正在跟一個人講解這個理論，我的腦袋裡模擬著我用這個理論說服他的過程，還可能辯論到精彩處就真的手足舞蹈起來（我家人有幾次不小心撞見，還覺得我很奇怪）。

更重要的是當我在書房繞著圈圈，假裝自己在跟別人講解這個理論的過程中，常會遇到一些卡關的情況，「咦？這裡剛剛看書覺得很順，為什麼我自己講出來時好像說不通呢？」於是我回去再嘗試理解一下書中這段的意思，把問題搞懂了，再講一次，直到我「真正可以自己說通了」這個理論為止。

■ 抄得多，忘得快

上課聽講時練習「寫筆記」，在家讀書時練習「說筆記」，會有什麼不同呢？

我後來反思，我自己有時候懶惰，也會只是把老師的板書與說話直接抄下來，但常常後來看筆記時「更加看不懂」，真正有幫助學習的不多。我有時也會在看書時拼命畫重點，但這樣做很容易變成「一直在背重點」，一不小心記憶力出了差錯，就什麼都想不起來，連轉成用自己的話講出來也不行。

「抄筆記」與「畫重點」的方法對於學習幫助有限，或許還能解決中小學的簡單考試，但到了大學的申論題目，或是到了大人後自己的學習，都效果很低。

這時候反而我們應該多利用「寫筆記」與「說筆記」的方式。

「寫筆記」就是嘗試用自己懂的詞彙，把老師講的重點重新描述一次，而不是只是抄下那些自己一知半解的專有名詞而已。

「說筆記」就是假裝自己要把這個知識、理論傳授給別人，甚至要跟別人辯論這個思想時，我會怎麼說？演練看看？或是把這個思辨過程寫進筆記中。

而當這樣學習後，面對大學考試的許多申論題時，我發現我都可以寫得很通暢，不是硬把書中的話背出來，而是可以自然的解釋這個問題，就算忘記書中的語句，也可以用我自己的話來解釋，甚至可以觸類旁通其他的理論作為引證。

■ 「獨立思考」與「融會貫通」

在「寫筆記」與「説筆記」的過程中，可以讓自己獨立思考，而不是跟著老師或書去思考，後者通常會讓我們誤以為自己懂了，**但其實只是「跟著閱讀所以好像懂」，但只有自己嘗試寫一遍、練習説一遍，才會發現其實思考上還有很多卡關的地方**，也會發現哪些環節自己還沒那麼懂的。

另外在「寫筆記」與「説筆記」的時候，我們必須運用已知的知識來講解未知的知識，要運用已有的詞彙來説明新的詞彙，**這時候可以讓「新學習」跟「舊學習」連接在一起，把自己以前到現在的知識「重新融會貫通一次」**。

如果只是抄別人的板書、畫他人的重點，那麼不自覺「腦袋就會休眠」、「思考就會懶散」，最後就只是印象，而不是真懂。並且如果筆記上都是他人的專有名詞，那麼你永遠只是讀到新資訊，卻沒有做到更進一步內化到自己系統的功夫。

我建議起碼大學以上的同學，或是已經出社會的大人學習者，改掉只是抄筆記與畫重點的習慣，嘗試看看真正的「寫」筆記與「説」筆記，或許你會發現「回音筆記」的學習效果真的立刻不一樣。

2-8 實踐是最好的學習與整理

我們總誤以為要整理別人的精華，

卻忘了真正該整理的是自己的實踐

　　筆記，不只是在筆記你學到的知識，更關鍵的其實在筆記自己的實踐。所以，我們必須聊聊實踐與學習、整理之間的關係。

　　讓我先來說個小故事。之前到花蓮旅行，回程時到了花蓮火車站，發現還有一個多小時才到火車時間，於是想說找一家附近的咖啡館坐坐吧！搜尋 Google 地圖，發現附近有一家「安娜咖啡館」評價不錯，就試著走過去看看。

　　那是一片大空地上座落著一家獨棟的房子，一推門進入，發現這家咖啡館的裝潢很氣派，有點像是大飯店裡的高級餐廳那樣挑高，座位排得很鬆，有著典雅安靜的氛圍，還有一個很大的咖啡吧台，老闆正在吧檯忙著沖泡咖啡。

　　我們找了個位子坐下後，老闆送上了單子，我照著平常的習慣點了杯單品咖啡，老闆一聽我要點單品咖啡，馬上把菜單拿走，跟我說：「如果您要點單品的話，我這裡有很多單品的豆子沒有寫在菜單上，要不要我跟你特別推薦？」我說：「好啊！」老闆就一一詢問了我想喝什麼口味的咖啡，然後推薦了我一款莊園豆子，我也就順從老闆的推薦。

本以為就是坐著等咖啡上桌，沒想到的是，過了一會，老闆用紅酒杯裝了磨好的咖啡粉來給我聞聞味道是否適合，我覺得味道很香，而且發現老闆的粉「磨得比我平常粗很多」（我平常也很愛自己手沖咖啡），好奇間，老闆回去手沖好豆子後，送上了一壺咖啡，我一喝之下，著實驚艷！不只是口味完全符合老闆跟我說的期待，更重要的是還特別的順口，也有保留咖啡香。

於是當我們品嚐完咖啡後，我自己走到吧檯跟老闆聊天，我問老闆：「你剛剛的粉好像磨得比較粗？但是喝起來順口又有單品的韻味，你是用多少刻度去磨豆的呢？我回家也想試試看。」我本以為就是簡單得到一個磨豆機刻度的答案，沒想到老闆卻說：

「你趕車還有時間嗎？如果有時間，那我要跟你說說『咖啡不能這麼學的』。」

■ 不是學標準，而是學實踐

我一聽有了好奇，便說：「可以啊！你說說看。」於是這家咖啡館的師傅便侃侃而談：「一般網路文章可能也會直接給你一個所謂的磨豆刻度，但其實每一台磨豆機器都是不同的，每一款豆子也是不同的，到底什麼刻度好，其實有時候落差很大，所以更重要的是自己用舌頭去嘗試，如果這次覺得萃取太多，或許是刻度要粗一點。如果覺得太淡，那就要細一點，**其實真的沒有標準，最好就是不斷調整**，而不是硬要遵守一個刻度。」

我聽完之後，深覺有道理，我自己一開始學習手沖咖啡時，也是照著書上或網路上指示的刻度去磨豆，但有一段時間都覺得喝起來有點太苦，直到有一天我決定磨得粗一點，才發現味道原來是可以依據我的喜好去調整的，不用真的謹遵教導。

但是不是說書上或網路上寫的就是錯的呢？

我倒認為也不是，而是那就是這些作者的「經驗」，但就像咖啡館師傅說的：磨豆機不同、咖啡豆不同、要喝的人喜好不同，甚至環境溼度空氣不同，都可以影響品味的不同。

> **所以我應該學的是這個經驗背後的邏輯、方法，而非只是照著這個經驗的結果做。**

就像我後來看到那家花蓮咖啡館的師傅把粉磨得比我想像粗，而且我偷看到他手沖似乎是不斷水的方式，我一回家，立刻重新嘗試更大膽的把豆子磨得粗一些，試試看不斷水手沖，發現咖啡又展現了新的風味。而我學到的是，或許我以後可以更大膽的嘗試不同手沖法，不要只是照著規矩走。

這也就像平常我們從書中、網路上、課堂上，去跟他人學習了很多經驗，有時候我們覺得他人東西有用，有時候我們覺得他人東西沒有用，但真相是他人的東西可以簡單分成有用無用嗎？或許關鍵不在他人，而是在「我們有沒有正確跟他人學習東西」。

如果我只是照搬他人的做法，就想達到跟他人一樣的結果，那有用是矇到，無用其實也是運氣。

但如果我可以跟咖啡館老闆一樣，是去觀察他人經驗裡的原理、想法、方法，然後也去實踐，並觀察自己實踐後的經驗，兩者相印，並且嘗試從不斷調整中去學習，那麼我相信會更容易「學到」對自己有用的東西。

而這樣的過程，其實也就是筆記最值得紀錄的過程。

■ 先體驗：不需要先搞懂

當我碰到一個新工具、新方法，甚至可能是我之前完全沒有接觸過的軟體或方法類型，例如很久之前我第一次接觸「心智圖法」的時候，這時候我習慣使用的方法就是：先直接用用看再說。

如果是一個新工具，我喜歡直接下載這個軟體，然後簡單看一下軟體首頁的官方介紹（通常軟體首頁會用一些關鍵字、簡單文句介紹這個工具的重要特色），接著我就立刻開始使用它。

使用時會有一些功能不知道要幹嘛，但不管，都打開來試試看，看看會出現什麼效果，然後思考這個效果會是什麼用途。

如果是想要學習一種新方法，或是遇到一個真的有點難度且一點頭緒都沒有的工具，那我就會找一篇介紹這個方法或工具看起來最好的文章，或是這個工具的說明書，然後直接跟著做做看。

這個過程中對「功能或技巧還不理解」沒關係，對文章或說明書裡的「某些解釋還搞不懂」也沒關係，總之就是照著教學步驟去做做看，一樣是試試看會有什麼效果，然後思考這個效果會是什麼用途。

「先體驗」，是快速學習一個新工具與新方法的重要技巧，關鍵就是「不要先完全搞懂」，而是「直接去體驗看看」，先動手摸索，先試錯。多摸索就會「開始看到」這個工具或方法的效果。多試錯，就會「開始理解」這個工具或方法為什麼要這樣設計的意義。於是，回頭去看那些文章與說明書上的解釋時，就開始知道那是什麼意思了。

■ 體驗後，才能加快學習與研究

一邊體驗一個新工具或新方法，我會一邊把自己的真實體驗筆記下來，筆記的重點在於看到哪些有效的步驟？還有哪些搞不清楚的步驟？以及還有哪些有問題想找更好解決之道的步驟。

> **我會把這個實踐的過程，用樹狀大綱筆記，分主題整理下來。**

然後，我根據體驗後的筆記去展開「搜尋」，這裡的「搜尋」同時指 Google 搜尋、找書研究、找更多人的心得來閱讀。

也就是先體驗完了，才開始「認真去找資料」，才去「搜尋更多其他前人經驗與可能性」，才進行「我們一般所說的學習」。因為只有先體驗完了，知道這個東西大概是什麼樣子，這時候我對「其他人的經驗、說明、更深入的解釋」才會「看得懂」，也能更快吸收，或是可以做更快速的思辨。

這時候透過搜尋，才能真正「加快」學習速度，並且我也才知道要把這些資料做何種筆記整理。

如果不先體驗、不先動手試錯，一開始就想先透過研究更多再更多的知識來搞懂工具與方法，反而可能會繞很多路，花很多時間，還是不得要領，而且學習會變得很慢。

■ 最後開口問，搞懂後才問

透過自己動手體驗，自己搜尋研究後，掌握了工具與方法的基本規則，這時候如果想要更深入學會，還是需要「直接求教他人」，透過真實的問答來解決問題，因為工具或方法裡面真正的關鍵點，只有透過問答傳授，或是現場帶領，才能被挖掘出來。

但是我會把「開口問」放在自己先體驗之後，因為如果我不先體驗，就算我開口問他人，也一樣不會理解，因為我根本沒摸過，根本還不知道那是什麼東西，就算別人說得天花亂墜，我一樣如墮五里霧中，而且還浪費彼此時間。

我也會把「開口問」放在自己搜尋研究之後。「搜尋」（泛指網路搜尋或書籍閱讀）是快速累積自己經驗值的方法，我雖然只是初學者，但透過快速掌握其他人經驗，我也可以「趨近於有經驗的人」。

這時候，我用一個接近有經驗的人的角度去求教專家，才能從專家口中套出「真正有價值的解答」。因為，**先體驗與搜尋過的我，腦袋中才能誕生「真正的問題」**，把真正的問題去問對的人，就可以汲取專家最有用的經驗了。

2-9 建立大腦輔助搜尋系統

如果要記住什麼東西,就要騙大腦這件事情很重要,

並且告訴大腦這不是雜訊

前面我講了各種筆記整理相關的邏輯、方法與實踐,但整理之後,我們要面對另外一個很關鍵的問題,就是我要如何記住自己的筆記與整理,或者說,我要如何在需要時,想起我有某個可以利用的筆記或資料。

這確實是一個整理資料時很需要的技能:「你要如何記得收集過什麼資料?」更重要的是:你要如何在未來工作時,很快很輕鬆的用上自己收集過的資料、寫過的筆記?

這個技能不只在寫文章時用得到,整理一份公司報告也能很快的歸納出之前收集或研究的資料,準備簡報可以找到可用的案例和筆記。

但應該怎麼做,大腦可以更容易去聯想到你有這些筆記可以利用?

■ 大腦與分類都不可靠

因為這個技能對我來說是如此重要,所以我很早就發現「為什麼找不到資料」、「為什麼要花很多時間重新找回資料」的兩大問題所在。

錯誤	我誤以為可以只依賴大腦去找回資料,誤以為當工作時我會自己自動想起我有什麼資料可用。	我誤以為可以依賴自己的分類方法去找回資料,誤以為資料每一次都會自己出現在我需要他的位子上。
真相	大多數我收集過的資料,我都會忘記,所以我不會在需要時想起我有這些資料。	因為我的需求一直在變化,所以資料不可能每一次都出現在我需要他的位子上,因為當我分類他時,我可能還沒想到我有什麼需求。

大腦不可靠,想要按圖索驥從資料分類整理中找回資料,也一樣不可靠!如果你只依賴這兩種方法,就會發現找資料、用資料變成一個效率很低的事情。

■ 雜訊太多,大腦必須要忘記

在紐約時報的一篇文章:「人為什麼需要睡眠?為了遺忘」中提到:「我們睡覺是為了忘記每天所學到的一些東西。」因為我們每天大腦新增的資訊量太多,所以睡眠時會自動忘記大多雜訊,這樣才能有些記憶被真正的保存下來。

事實上我們接收與產生的訊號很多,而我們真正記住的少,忘記的則是大多數。

雖然這其實是一個合理的生理機制,我們只要優先記住那些可以影響我們生活、幫助我們生存,對我們在個人處世、專業工作上有幫助的內容就夠了。

　　然而，現代人的生活環境可能不是只有生存那麼簡單，因為現在的生存不再只是單純的食衣住行，為了生存，職場上的「知識工作」的技能很重要，專業之外的「跨領域知識」也很重要，面對龐大的資料量，就「不是」原本大腦「記住重點的事情就好」可以解決的！

　　這時候方法無他，大腦不是沒用，而只是需要有方法來「輔助」他。

■ 騙大腦去記住

　　因為大腦只會記住他覺得真正重要的事情，並且自動幫我們忘掉雜訊，所以如果真的想要記住什麼東西，那麼就要「幫助大腦覺得這件事情很重要」，並且「告訴大腦這不是雜訊」。

　　要怎麼做？絕對不是自己在腦袋裡面跟大腦說：「這很重要」，或是在這個資料上貼個紅色標籤，打個星星，這都是不夠的！

　　真正的做法是，順應大腦的機制，「騙」大腦自己認為這件事情很重要，然後大腦就會特別「保留」他們，讓他們變成長期記憶，而這樣以後我需要時，就「更容易從大腦自動想起他們」。

■ 嘗試跟自己做系統化的連結

　　當我想要記住一個資訊時，我會想想：這件事情和我目前的工作與人生系統有什麼關聯？

　　例如你看我電腦玩物中所寫的文章，無論從「遊戲心得」，還是「新鮮工具評論」，還是寫「時間管理方法」，我都會回歸到：這對我的生活習慣、工作方法、人生態度可以有什麼改變。

這就是一個「系統化的串連」，關鍵是：

> ## 「把我想記住的資訊，
> ## 變成我個人系統的一部分。」

當我在研究時建立了這樣的連結，以後就很容易「想起他們」，因為他們已經和我的人生息息相關。

而那些你只是收集、看過，卻「跟你不相干」的東西，就會被當作雜訊忘記。

■ 嘗試做有驗證的行動

而如果有一個方法、知識，我非常非常想要記住時，那麼我會更進一步去「實驗他」，把這個方法實際拿到我的工作與生活上試試看，**讓他「不只是資訊，而是變成我的一個經驗」**，經驗要被忘記就更難了，大腦也會認為經驗比單純的資訊更重要。

所以為什麼我大多都記得自己在電腦玩物寫過什麼文章？因為我介紹那些數位工具、工作方法時：「不是轉貼別人的內容」、「不是整理網路資訊」而已，我都是「自己親自實驗過後的心得」，而且大多都起碼實驗好幾天以上。

對你來說，這些是資訊，看過後大多都遺忘。但是對我來說，這些都是「經驗」，要忘掉就沒有那麼簡單，我自然多多少少記得我實際試過什麼工具與方法。

■ 嘗試做有邏輯的演繹思考

我在寫文章、做筆記、整理資料時，都非常強調「前後邏輯推理關係」，你看我的文章應該就知道，我很在意要把前因後果講清楚。

或許有些朋友會覺得這樣文章變得很長，但是對我來說，這讓我每一篇文章都「思考得很透徹」，並且整篇文章的「邏輯論證站得住腳」，甚至我會把「可能被批評的角度」也都想清楚。不只寫文章，我寫筆記時也都會常常做這樣的「邏輯演繹」思考。（就像之前提到的樹狀大綱、DRAW 等方法）

這樣的好處是，因為「演繹法」是一個「連帶推理」關係，從 A 可以推論到 Z，**而這對記憶的好處是，只要我能先想到其中一個節點，那麼在演繹下，我可以很快地想到所有推論過程的連帶資料。**

這就是我常常可以寫一個重點，就連帶出我的很多其他工作方法的原因，因為在我的思考底下，他們都是有邏輯演繹關係的，自然而然就會想到。

所以如果你要記住什麼東西，而不只是筆記，那麼可以試試看上述的輔助方法。

2-10 如何整理工作筆記？

如果你的工作、會議筆記雜亂無章，你需要的不是
更厲害的工具或格式，而是改變你的筆記內容

　　一個喜歡做筆記的人，上課時會把老師講的重點全部都抄寫下來，上班時桌上也貼滿各種便條，筆記上也好多密密麻麻的工作任務，但是為什麼總覺得這些記錄在真正需要時「發揮不了作用」？

　　有時候，把所有事情記錄下來，和把所有事情「有效的」記錄下來完全是兩回事。不只是單純寫下來就好，記錄事情是要有方法的。

　　統整我們前面講過的筆記方法與整理邏輯，接下來就用一些實例，和大家分享在工作上做記錄、寫筆記的過程中，一些「記錄事情」、「做筆記」的方法。

■ 一開始就記下「應該如何做？」

　　以前一開始進入職場，常常在被交派新任務的時候，我會很單純、很直覺的把這個任務寫下來。這看起來好像沒什麼問題？不就是這樣做嗎？其實這裡問題可大了。

　　因為我還是常常都會拖到截止日前才草草把任務趕完，明明「應該

要做那件事」的便利貼就一直貼在我的眼前，我也都知道要去做那件事情，但為什麼總是沒有真的立刻動手去做呢？

後來我發現，是因為我「記錯重點」了。

當我收到「負責下一期雜誌上的封面故事」這樣的任務時，我單純的紀錄了這件事情，然後每天看著這個重責大任窮擔心，甚至有一點點逃避，直到「死期」到達前，只好趕鴨子上架，硬著頭皮弄出什麼東西。

為了解決這個問題，我改變了一下記錄事情的方法。後來當我接收到類似的任務時，**我當下就會立刻做一個「思考轉換」，問自己一個問題：「要完成這件事情應該做些什麼？」**

然後，我把這樣快速思考轉換後的結果記錄下來。

被交付的目標：
✓ 負責下一期雜誌上的封面故事
一開始想到的完成步驟：
✓ 到書店收集資料
✓ 上網收集資料
✓ 擬定大綱
✓ 確認可訪問對象
✓ 聯繫訪問者
✓ 開始撰稿

不用花太多時間，也不需要馬上想得透徹，在一開始記錄事情的當下，簡單的列舉出當下想到的步驟，頂多只是多花不到一分鐘的時間即可完成。

後來我每次要記錄事情時，當下就「多花一分鐘」，把單純的紀錄事情，變成記錄「應該如何做這件事情？」於是我所面對的不再是一個遠大的目標，而只是邁開我的腳步，走到一間書店，好好翻閱一下相關的資料而已。

讓事情變得「具體」、「簡單」，把事情拆開成「可以執行」的步驟，就是記錄事情時最需要的一種方法。

■ 把「自己的思考過程」寫下來

在開會時的筆記本上，聽到同事們講述著一個一個重點，或是一個一個需要完成的任務，這時候，我很認真的把所有「聽到的」內容都寫下來。在上課時的課本上，聽著老師講解許多的分析、解釋，我非常專注的把老師所有說過的話、寫過的黑板，盡可能完整的「移植到」我的書本上。

這看起來不是很好嗎？完全就像一個認真的好學生一樣。但經過我們前面兩個章節的分析，你就知道，真正值得記錄的，或許是這些「自己想到」的思考過程。

在開會時，對方提出一個要求，單純把這項任務寫入筆記的當下，自己應該會有一些想法、一些反應，這些內容也應該一起記錄下來，這會是你未來規劃工作、執行企劃時很寶貴的參考，不要讓自己的想法溜走。

　　或者回到前面舉的第一個例子，當我在執行書店情搜步驟時，想到可以去翻閱某本雜誌、想到可以去問某個達人，想到可以怎麼設計標題；或者，想到未來的稿子裡可以寫入哪一句漂亮又具有啟發的話？

　　這些思考過程，我全部都會當下記錄下來。

　　而且很奇妙的是，一旦我開始「寫」，這些想法就會開始從腦袋裡的雲霧深處被拉出來，我可以慢慢看清他們的面貌，並且開始想到更多「應該如何做？」的好方法。所以我會常常利用「書寫」這個動作來思考，而不是單憑腦袋空想。（可以對應到第一章的筆記心流方法）

■ 不要信任你的腦袋

　　想要改變記錄事情的方法，首先就是要認識到：腦袋不是記錄事情的地方。

　　有時候我們可能是懶惰，或是對自己過度自信，覺得一些小事情，我用腦袋瓜先記住就好，反正等一下就會去做。但以我自己的經驗，這樣的作法，起碼有一半以上的機會，最後都會出包。

　　千萬不要有這種想法。

　　任何時候需要記住的事情，就是記錄在你的筆記上，而不是記錄在你的腦袋中，一定要先養成這個習慣。

■ 反覆修改你的筆記

　　前面看起來似乎要不斷筆記任何事情，但是，並非筆記下來即可，把筆記本寫滿不是為了滿足自我的成就感，而是為了要讓這些內容真

的發揮作用。

這時候，不去反覆重看、修改筆記是不行的。

筆記就好像是寫一篇文章，第一次筆記只是初步方向，第二次修改開始完善大綱，第三次重看可以補充內容，最後慢慢把每一段文字寫完。

用來筆記事情的紙條、筆記本，最好都保有一定的空白空間，可以讓我不斷的補充新的內容上去。同一件事情，就是在同一個筆記頁面進行不斷的擴充。

除了以後我要查詢事情時也更加方便外，這樣做的用意，是我可以隨時了解自己的整個思考、規劃過程，以及了解目前這個任務的所有執行狀態，還有包含這個任務其他尚未完成的步驟與目標。

然後從這樣一個「跟著我的行動」不斷增長的筆記中，我可以找到下一步應該做什麼的具體建議。

■ 累積自己的 SOP 清單

有些工作是反覆執行的，例如一些公司裡的行政流程。而愈是這些自己覺得已經很上手的流程，我們愈會覺得：我記得怎麼做。

但即使是自己已經習以為常的事情，也要學會筆記下來。更好的作法，是建立自己的標準作業流程清單：如何申請一個補助款項的流程是？提出活動邀約的標準格式是？自己上次完成活動進行了哪些步驟？（就是第一章我最後提到的元經驗筆記）

處理任何事情，無非都是有一個流程，而任何流程的紀錄，都可以幫你確保、確認，自己沒有漏失其中任何一個環節，也讓自己執行工作時更輕鬆，不用反覆重做太多類似的事情。

更進一步的，當把自己腦袋中、行動裡做過的那些步驟流程也都記錄下來後，我們就可以白紙黑字的好好檢視一下這裡面還有沒有可以最佳化的地方？下一次可以怎麼安排更好？少掉一個步驟會不會更有效率？

筆記工作上的事情時並非雜亂無章的記，可以試試看把任何事情都**變成一種流程**，然後試著透過筆記，去不斷最佳化你的作業流程，直到他能幫你更省時省力的完成事情。

確實單純就是透過筆記，就能幫助你在工作上、學習上提昇效果。但前提是，筆記的方法並不簡單，然而也不難，就只是一些想法、觀念上的轉變而已。

2-11 如何整理閱讀筆記？

為什麼我的讀書重點筆記沒有幫助我成長？
可能因為你沒有拆掉那本書

　　讀書，對 100 個人來說可以有 100 種方法，對 100 本書來說起碼超過 10000 種讀法，正確的說，「應該」要有這麼多方法才對，因為「閱讀」就是人類一個這麼獨特又具有創造性的能力，只是我們可能被以前準備考試的閱讀養壞了方法，而失去了閱讀的「創造力」，變成只會抄錄書中重點的筆記工具人。

　　所以講到這裡，我不是要分享什麼是正確的讀書方法，而是要從前面談到的筆記與整理的實踐，來聊聊如何寫出有效的閱讀筆記，做為大家的參考。

　　面對小說與學習的書，也可能有不同讀法，我自己從以前就相對偏好讀理論類、方法類的學習書籍，所以今天所談的讀書方法，也是針對後者而來。那麼，我如何去讀好一本書呢？我會掌握下面這三個步驟去「讀」他。

深讀——反芻——拆解

■ 深讀不是慢慢讀，而是閱讀「背面」

「深讀」跟讀的快與慢無關，也跟你閱讀時有沒有畫重點無關，而是跟只讀懂了正面意思，還是能閱讀背面意思有關。我讀一本書的第一個步驟，就是「先閱讀背面的意思」，而且這樣其實會讀得更快！

在做筆記時，我關注筆記我的想法。在讀書時，同樣的我關注的不只是文字，更關注作者背後的思考邏輯。

我有時會兩天就看完一本書，但依然會掌握「深讀」的要領，所謂的深讀，就是要能閱讀這本書背後在講什麼，為什麼作者要這樣思考？背後是什麼問題？是什麼背景？他推演出這樣的結論的思考過程是什麼？作者分析的邏輯、想法、個性是什麼？

所以深讀「不是抓出重點」的閱讀方法。

例如當你看我這篇文章時，很簡單可以抓出「深讀、反芻、拆解」三個「重點」。但如果我來讀自己這篇文章，我會想到「Esor 思考的是要怎麼讓讀書可以對自己產生更多真實幫助的問題」、「Esor 思考的是讀書並非要照著書去做，而是透過與書對話來自我改變」。

「深讀」，是藉由書本上的文字，但打破書本上的文字，去跟你想像的某個作者對話，了解其背後的思考、行動方法是什麼。有時候我會很快就抓出這個核心脈絡，這時候「深讀」的技巧反而會「幫我讀得更快」，因為掌握這個脈絡，作者的各種理論變化都能更容易閱讀吸收。

相反的，如果「一開始沒有深讀」，很有可能愈讀愈慢，但收穫不多，畫了愈多重點，但每次遇到新章節都要重新花很多腦力去理解「正面的」意思，這都是因為沒有先掌握「背面脈絡」的關係。

■ 反芻不是讀懂他，更需要賦予你的創造

接著我有一個基本的設定，就是我對「真的知道作者在想什麼」、「這段文字真的在表達什麼」沒有太大的堅持！咦？這不是和前面的深讀互相衝突嗎？其實並不衝突，如果你仔細看我上面的文字，你會發現我故意不用：「讀懂」兩個字來解釋深讀，而是說「閱讀」。

為什麼？

因為我認為讀懂「真正」的意思不是那麼重要，讀者面對一本書，其實是在跟「自己想像」的作者對話，然後從這樣的對話中獲得自己獨一無二的學習，這樣就夠了。深讀要抓出的脈絡，其實也只要達到「在自己腦中可以說得通」就夠了！

所以，一本書「正面」的意思是作者的文字，一本書「背面」的意思是「讀者閱讀後產生的腦內劇場」，後者對我更重要。

而這時候所謂的「讀懂」，其實就會是參雜了作者的想法，但也參雜了我身為讀者的主觀意見，但這樣「綜合性」的理解，其實對自己來說幫助更多。

簡單的說，「反芻」可以這樣解釋：「從我個人特殊情境出發，這本書帶給我什麼啟發？」這個問句取代「作者在說什麼？」，前者幫助我在閱讀時獲得更有效學習。

這裡同樣用上我們「創造性」的筆記方法，在讀過沉澱一段時間後，不看書，直接用我的話把讀書心得寫出來，這裡面有多少不完全符合原書內容也沒關係，因為這是「自己的經驗與他人的經驗碰撞後的新產物」，反而幫我突破只會照著書做的窠臼，更能創新，也對未來的我更有幫助。

■ 拆解不是藏之書櫃：更要化為具體行動

經過了深讀與反芻兩個步驟後，我還會搭配第三個步驟「拆解」，這個步驟對我來說是要創造一次閱讀經驗更多的延伸價值，也就是：

> **打破一本書的結構，**
> **拆成未來可以利用的各種具體素材或行動。**

學習是和「行動」相關聯的，當我讀完一本書，我會很想要「試試看」裡面的某些東西，我會問自己這理論可不可以套用在我的下一個專案？這個想法可不可以轉化成我的某一個生活實踐？有時候一個行動可能只是源自於書中某一個小小的點，或是書中不同的重點可以拆解出多種不同行動，這都會讓閱讀創造更多回饋。

在這樣「具體行動中複習」的過程中，讓我對這本書的學習愈來愈深刻，並且書中的不同部分被拆解出來，就產生不同的利用價值，而這正是讓筆記的整理，可以產生確實的改變了！

三，
時間筆記
以自我為子彈的計畫

時間管理不是排程，而是去完成與自我和諧一致的目標。

你不是想要成為高效率的機器人，而是想要變成快樂的真正的人。

工作碎片不是問題，高效工作者，會把碎片重組成高價值成果，

筆記幫你卸下大腦壓力，確認最直覺渴望，置換成積極行動。

千萬不要去克制拖延，那只會讓你更想拖延，你只要不管他就好！

建立做得到的每日待辦清單，而不是反噬自己的焦慮清單。

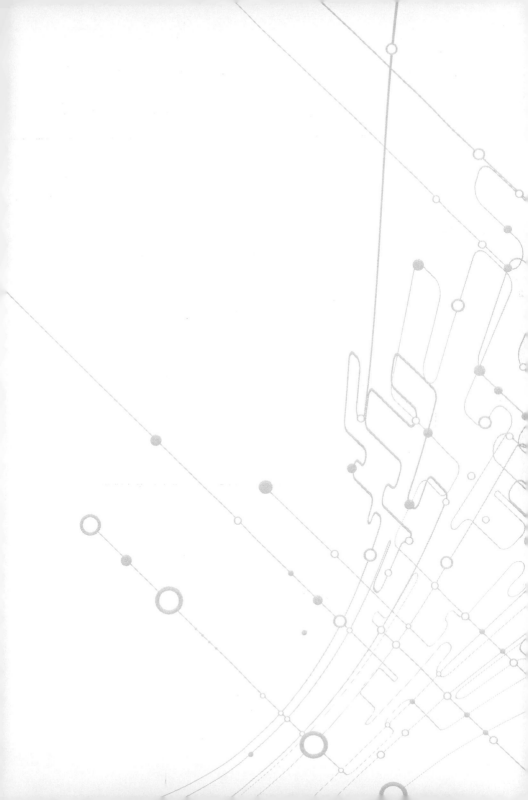

3-1 時間管理就是「想到自己」

時間管理不是排程，而是去完成與自我和諧一致的目標

在前面兩章節中，我們談論了一個以創造與改變自己出發的筆記方法，把做筆記的目的，定位在「改變自己的行動上」。而換個角度想，這不就是我們想要的時間管理嗎？

說到「時間管理」，因為字面上的意思，很容易被聚焦在怎麼安排時間、如何排程的方法上，當然，這些也很重要，但我喜歡稱呼那叫做「工作上的專案管理」。但真正的時間管理是什麼呢？其實是要管理一個更大範圍、更重要的時間，就是「人生的時間」，時間管理就是人生管理。

> **時間管理的終極關懷，是讓自己更幸福，更有成就感的方法。**

■ 為什麼筆記是最佳時間管理工具？

這時候，時間排程不是不重要，而是如果只關注到任務與時間排程

的層面，把自己的時間排滿了各種任務，要求自己去做到各式各樣的要求，讓自己變成非常的高效率。你覺得這真的就是幸福與滿足嗎？這樣的時間管理真的快樂嗎？你真的會覺得自己是掌控時間的主人嗎？我相信不會。

所以，時間管理最核心的方法，其實就跟前面第一章「重新認知問題的筆記技巧」、第二章「主觀選擇的整理邏輯」一致，**那就是「探索自我」，確定自己真正想要的計畫，用符合自己內心認知的方式，去達成自己的目標。**因為只有這樣做，你的時間管理才會是更幸福更滿足的道路。

在這個意義上，筆記，就是你最好的時間管理工具。不是因為筆記上本來就可以列清單、寫計畫、排時間，而是因為筆記是自我思考、認知、選擇與探索的最佳工具。

> **筆記，在創造自己的認知，改變自己的行動。**
> **時間管理，是用自我的認知達成自己選擇的行動。**

■ 自我和諧目標

若說時間管理是要追求人生的幸福與成就感，那麼要感受到幸福，在計劃的製定上有一個很有趣的觀念叫做「自我和諧目標」，只有去實現自我和諧的目標，才能提升幸福感。

有時候我們會被別人要求去做一些任務，或者在社會的價值期許下，自己要求自己去達到一些外在期望。這時候，你會發現自己一方面很容易拖延這類事情，但為了無法達成別人或社會的期望，開始累積焦慮。另一方面，這類事情就算逼著讓自己完成，完成後，也可能

沒有產生幸福與滿足的感覺，只是覺得鬆了一口氣，或者就算有幸福感也很短暫，沒辦法建立自己的自信與成就。

但是相對的，如果你找到「自我和諧目標」，有一些任務與目標，或是一些價值期許，和你內在對自我的認知一致，達到和諧，那麼這時候你會更喜歡做這類事情，不是說完全不會在現實時間上拖延，而是執行時更投入。也不是說完全不焦慮，但是很容易產生成就感，於是激勵自己繼續做下去。而當真的完成時，會感覺到幸福與滿足，並且對自我的自信提升了，這個幸福感就會延續更長的時間，甚至影響下一次執行其他目標時的動力。

不過千萬不要誤會，自我和諧目標的意思，不是說我想做什麼就做什麼，或者只去做我想做的事情，這可不是自我和諧。

■ 你的認知，創造與改變你的自我和諧目標

例如你跟女友求婚了，接著你們要籌辦一場婚禮，在家長的要求、社會的期待下，婚禮有很多繁文縟節，或者說有很多很多外在任務，通常我們都會覺得很頭大，很瑣碎，並且有時間壓力。首先，這是一個「現實情況」：

> **現實情況沒有所謂自我和諧或不和諧，**
> **真正的關鍵在「你如何認知」這個現實情況。**

我可能覺得婚禮很煩，任務怎麼這麼瑣碎，我不認同那些繁文縟節，我只想直接就開始兩個人的家庭生活。並且我持續這樣去認知「準備婚禮」這個現實情況，我很不想做，但是我被逼得不得不做，

我可能因此會跟未來老婆有爭執，就算完成裡面的任務也覺得不快樂，最後整個婚禮辦完了，心裡還可能留下疙瘩。

> **但是我可以對這樣的現實情況，去創造不同的認知，並且做出不一樣的主觀選擇。**

我還是覺得婚禮的瑣事很煩，我也想要直接就開始兩人家庭生活。但是我把兩個人一起準備婚禮的過程，認知為「讓我們更適應兩人生活管理」的一個挑戰，並且嘗試去「練習把生活中的瑣事變成簡單的事」。於是，婚禮變成一種挑戰、一種練習，現實情況沒變，但我的認知改變了，不再視為那是外在任務，我將其看做達到更高的自我實現前的一種測驗，於是我開始很樂意去測試看看，面對雜事時我對自己說：「讓我跟老婆一起試試看有沒有可能改變它。」最後，完成裡面的任務開始覺得有成長，完成整個婚禮後，建立了我與老婆間更緊密的連結和自信，並且影響了接下來的家庭生活。

這就是真正的「自我和諧目標」，我們必須去探索、思考、重新認知現實情況，探尋自己內在的聲音與直覺，然後選擇我要採取的行動，讓內在聲音與外在行動一致。

還記得我們第一章所說的三個筆記關鍵技巧嗎？

- ✓ 為什麼會這樣？思考現實。
- ✓ 我是怎麼想的？認知自我。
- ✓ 我想要變成怎麼樣？創造改變內外一致的行動。

是的，我們就是在用寫筆記的方法，去創造和改變一個自我和諧的世界，讓自己可以採取最幸福且最有成就感的行動，而這就是時間管理！

■ 筆記，協助你提升自我的洞察力

所以在寫日記中的自我探索，或者即使是工作任務筆記中的自我剖析，都是時間管理中非常重要的一環。我們利用筆記來拆解目標，提升裡面「內在歸因」、「認同歸因」的部分，轉化「內射歸因」的元素，降低或捨棄「外在歸因」的成分，從而提升「自我和諧目標」。

內在歸因	發自內心，直覺上就是感興趣與願意參與。
認同歸因	符合自己的信念，認同對象的價值。
內射歸因	並非完全內化，但對沒有達到這價值感到愧疚或羞恥。
外在歸因	完全來自外在的規範、權威的要求。

一個目標，可以去分析上面這四種認知歸因，但就像前面說的，目標只是一個現實，他要怎麼被認知，則是來自於你的歸因，這就是筆記不是外在紀錄，而是你的創造與改變，更深層的意思。

你會怎麼從自我出發，去重組對這個世界的解釋，這不僅是筆記方法、整理方法，也是時間管理方法的核心。接下來，就讓我們由此出發，展開筆記與時間管理的各種方法練習。

3-2 時間管理不是什麼？

你不是想要成為高效率的機器人，

而是想要變成快樂的真正的人

經過了前一篇文章的討論，我們說到，時間管理的核心是：「去完成與自我和諧一致的目標」。那麼，我心中所認為的「時間管理」方法，是一種什麼方法呢？

如果先看時間管理想要達到的效果，我認為是：

✓ **覺得自己做的大多行動可以產生成就感或幸福感。**

✓ **事情無法完成的時候依然穩如泰山。**

✓ **休息的時候盡情享受，不會覺得愧疚。**

是的，就是這麼平凡而單純，這是我在超過十年的時間管理方法練習經驗後，給自己設定的「時間管理」目的，「簡單、日常」，但正是我們想要用時間管理方法提煉的人生真味。

而就像我在第一章的「建立觀點的筆記練習」中，提到改變認知的重要與其具體方法，這邊，就讓我用一樣的方法，先來翻轉一次時間管理的一些認知。

從時間管理是「去完成與自我和諧一致的目標」出發，看看一些原本的時間管理技巧，可以怎麼被翻轉。

■ 時間管理不是安排時間，而是享用時間

或許時間管理的技巧裡可以包含安排時間的技巧，但時間管理不是「把所有的時間都用上」，也不是把我的行事曆全部填滿任務，事實上當這樣做的時候，我們會發現自己不斷被時間追著跑，而且充滿做不到與落後的挫折感。

所以時間管理更應該要學會「享受時間」的技巧，享用我現在、未來時間，去創造行動。

> **懂得享用時間，在時間裡創造出讓自己感覺幸福或滿足的行動，這就是「時間」的「管理」。**

所以，時間管理從來不是「有沒有時間」的問題，因為你一定有時間，正讀到這篇文章的你，仔細想想，接下來還沒被運用的所有未來時間，因為還未發生，難道不都是「你的時間」嗎？你打算用什麼行動去享受他們呢？

■ 時間管理跟工作效率並非正相關

確實有很多關於怎麼加快工作速度、增進任務效率、提升職場效能的技巧，他們也都很有用，但並非真正的時間管理技巧。

> **我需要工作效率，但我不會只是因為我有工作效率，就覺得自己成為一個快樂的人，或是擁有成功的生活，反而可能太有工作效率，我覺得自己就像個機器人。**

工作效率是時間管理的輔助，兩者相輔相成。但時間管理追求的是背後的滿足感，有時候需要效率來幫他，但有時候甚至會「故意沒有效率」，只是因為這樣可以讓我們在享受時間的過程中獲得最大的價值。

晚一點完成任務，不是時間管理在意的事情，只要能「美好的」完成任務就夠了。

■ 時間管理不是解析任務，而是認識自己

時間管理跟管理任務看起來息息相關，最知名的時間管理方法「GTD」也是從如何收集任務和理清任務開始，但解析任務通常困難和繁重，讓人覺得時間管理方法難以親近，但真的是如此嗎？

我自己研習 GTD 方法多年，我的體悟是，與其說我們在收集或理清任務，不如說我們是在「認識自己與任務之間的關係」。

✔ **我並不需要徹底的解構任務，我真正要「理清的」只是我應該如何去對應這個任務。**

> *認識自己，解析自己與任務之間的關係。*

而可以做到最後一步的方法，並非是去解析任務本身，而是要回頭「認識自己」，認識自己的能力、了解自己的願望、透析自己的渴求，知道什麼會讓自己快樂，時間管理就是「認識自己」。

認識自己了，任務自然就解析完成了，因為你永遠都能自在地去用最符合自己的方式應對任務。

■ 時間管理不是完成所有事情，而是選擇重要的事情完成

是的，時間管理方法會教我們「清空自己的大腦」，把所有要做、想做的事情收集起來（後面我也會教到這個方法），但時間管理「從來沒有」教我們「要把所有事情完成」啊！

一個練習時間管理過程可能產生的最大誤解就是：我可以學會一套方法，這套方法會幫我把所有事情完成！（這是絕對不可能的！）

事實上，會把所有事情完成的，只有電腦運算的機器人而已，因為所有的事情都在設定中，並且不會有變數。而人，身而為人，我們沒辦法也不需要這麼做。

時間管理，並不是完成所有事情的方法，只是「選擇重要的事情去完成」的方法：因為只有重要的事情被完成，真正的成就感與幸福感才會產生。

選擇重要的事

　　要事第一，關鍵是在所有想做、要做的事情中，根據現實了解自己能做的事，並且又從其中選擇自我和諧的目標，採取行動。

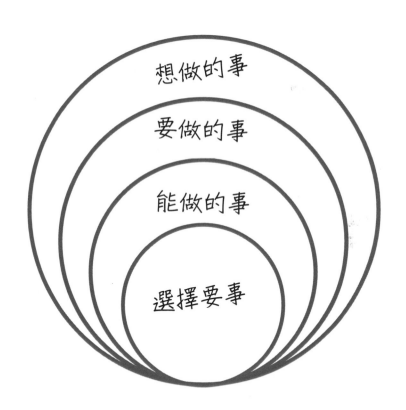

想做的事

要做的事

能做的事

選擇要事

■ 時間管理不是排出嚴謹的清單，而是知道自己要做什麼

時間管理高手好像都很會「列清單」，好像都很會利用「待辦清單」，一份清單是練習時間管理帶來的附加結果，但其實並非時間管理的核心目標。

一個非常嚴謹的任務清單，其實對時間管理來說可有可無。因為時間管理真正需要的任務清單，只是一份：「能夠讓我知道有時間時應該做什麼」的清單

> **只是需要一個「知道自己要做什麼」**
> **的方法而已。**

這份清單不用太嚴謹，不用太精密，只要能回到第一點所說的：「享用時間」，能夠幫我們在有時間時，不會因為沒有預備、沒有計畫而虛度，可以好好利用時間去完成有價值的事情即可。

■ 時間管理不是排程的技巧，而是做決定的技巧

專案管理需要排程技巧，需要為專案裡的每一個任務分析時間分配、資源、人力分配，然後排上時程，算算看是否能如期完成。

但那是專案管理，目的是在分析一個專案，他把所有東西都當成任務（包含人）。可是時間管理不是專案管理：

> **時間管理不是在分析任務，而是在分析**
> **我自己，分析真正的人如何去行動。**

所以時間管理不是排程的技巧，而是看到專案管理產生的排程後，我如何下最後決定？我願意投入多少專注？我願意犧牲多少？我想要獲得什麼？後面這些才是時間管理思考的問題。

時間管理不是排出完美的時程，這個誰都可以排，只是不一定做得到。

> **時間管理是為自己做決定：不是任務需要多少時間完成，而是我願意投注多少時間完成，這就是時間管理。**

■ 時間管理不一定要準時、積極，而是要平穩、變通

時間管理有可能帶來準時、積極的效果，尤其伴隨工作效率方法一起使用時，但這不是必然需要。

練習時間管理不是要從一個懶惰拖延的人變成積極進取的人，而是要能獲得一個平穩可變通的狀態，在工作與生活中保持一個讓自己身心幸福的平衡，並且面對問題都能有變通，可以逐一化解各種難題。

有時候時間管理會讓我們看起來很積極，很進取，但更多時候：尤其是我們遭遇挫折，心情感受低潮的時候，時間管理真正的幫助是讓我們依然處變不驚。

因為我們知道如何享受時間、如何掌握方向、知道我的價值在哪裡，那就是時間管理技巧可以帶給我們的效果。

把握住上面這幾點時間管理的技巧後，讓我們接著來看，如何在筆記中，實踐有效的時間管理方法。

3-3 工作不爆炸的筆記流

工作碎片不是問題,一個高效工作者,

會把碎片重組成高價值成果

　　掌握了時間管理、任務管理的核心後,讓我們逐步落實到方法,看看可以如何在筆記中,更有效的整理工作、整理時間。

　　在第二章的筆記整理方法中,我有提到:「你真正該整理的是你的行動流程」,而非去整理任務資料本身。尤其現在工作場域裡,工作碎片化的情形尤其嚴重,更需要一個可以「讓工作不爆炸」的筆記方法。

　　我們會面對這樣的工作碎片化情況:

✔ 我要同時進行多個不同專案,這些專案的資料與任務不會有序出現,而是無序的同時出現。

✔ 一個任務的細節常常不會一次搞定,而是會在不同時空片段出現。

✔ 每個人跟你交代事情時都說很重要,但你真的重要的事情是什麼?

　　這就導致了工作碎片爆炸，我相信大多數朋友應該也是類似的工作情況。但是如果讓工作一直呈現這樣的碎片爆炸狀態，那麼：

✔ 工作的速度就會因為要一直找資訊而降低。

✔ 工作的正確度也會因為漏東漏西而下降。

✔ 工作的選擇更可能一直瞎忙瑣事而缺乏成就。

　　於是這時候一套有效的「工作筆記流」，就是把工作碎片整理成一個有序且有效的行動流程。

　　工作碎片不是問題，問題是你讓他爆炸

　　工作本來就會碎片化，一個愈重要的專案，通常有愈多的資料、瑣事、人事、任務需要處理，這時候他的本質甚至就是碎片化的。

> **但是一個高效率的工作者，**
> **懂得如何把碎片重組成高價值的成果。**

　　這是什麼意思呢？你可以回頭看我在「第二章，筆記整理」第一篇文章的例子，我如何整理即時通訊息的流程，就是一個把碎片重組成高價值結果的方法。

　　所以工作碎片不是問題，問題是我們讓他爆炸！就像資訊碎片也不是問題，問題是我們讓自己資訊爆炸。

　　建立有效的工作資訊流，不是讓工作不碎片，而是不要讓工作一直處於碎片的狀態，這樣累積到有一天一定會爆炸！

　　那麼要如何不要讓工作碎片爆炸呢？有四個工作整理的盲點可以

突破，下面根據我個人的工作經驗來跟大家分享。

■ 收集碎片：碎片不要留在原處，要把資料匯流

第一個盲點，是我們把必然出現的工作碎片一直碎片處理，當然效率低下。

例如，我有一個企業內訓的邀約，企業人資陸續傳了兩三封郵件分別跟我討論時間、主題、場地。又要了我的即時通後，在不同時間點跟我確認了老闆的幾個特殊要求。接著我們碰面訪談、電話討論，又聊了一些對課程的想法。然後我在這段時間陸陸續續構思了一些新的授課點子，也收集了一些授課的新資料。這是什麼？這就是工作的碎片。

不過問題不在上述分散的工作資訊，而在於如果我不處理他們，就讓兩三封郵件、幾次即時通、訪談會議的筆記、腦袋的想法、講電話記下的便利貼，全部都保持原樣，放在信箱、即時通、文件檔案、筆記本、腦袋與便利貼中，那工作當然愈來愈雜亂，效率愈來愈低下，而這還只是一件工作而已，你會有很多很多件類似這樣的工作！

> **這時候，我不把工作碎片留在原處，而是在碎片出現的「第一時間」，就把碎片集中到筆記，在筆記中整理出工作流程，把同一個任務的碎片集中成同一則筆記。**

你應該要幫每一專案，預留足夠的筆記空間，在同一個區域、同一本筆記中，累積、整合、重組專案的所有碎片，並且將其條理化。

很簡單的方法，但是非常非常有幫助，我貫徹執行這個簡單方法多年後，實際體驗到的優點有幾個：

- ✔ 執行任務時，不用回到信箱、即時通、腦袋裡去找資料確認，節省時間。

- ✔ 比較不會一不注意漏掉哪個碎片，尤其這些碎片來自不同管道時。

- ✔ 可以知道哪些碎片比較重要或緊急，應該優先執行，尤其碎片很多時。

- ✔ 同個任務有新的碎片出現，也只要整合到同一個地方，不需煩惱碎片愈多愈雜亂。

■ 整合任務：不是紀錄雜事，而是規劃專案

第二個盲點，我們常常錯失很多重要的「相關」碎片，導致我們的專案一直無法有效推進。

例如，我在製作自己的新書時，我在很多年前有一個想法要製作解決工作低效率問題的書籍，這是第一個碎片。接著兩三年前開始我陸續開設全天的時間管理或工作效率課程，累積了很多的經驗筆記，這是更多的碎片。然後我又在讀書時看到一些商管書的主題與封面覺得很喜歡，這也是碎片。

但是當碎片匯流後，我會慢慢發現這些碎片可以整合出一個新書專案，於是這些碎片又可以在匯流處再進一步的整合成專案筆記。這也是一種「工作筆記流」，他的優點是：

- 會在慢慢匯流碎片的過程中，發現可以做的新專案、新任務。
- 而當新專案出現時，已經匯流的碎片等於已經完成工作前製作業。

關鍵在於，在匯流工作碎片後，進一步把碎片慢慢凝聚成一個一個專案或任務，並且開始規劃有效的行動，用要完成某個目標的角度去整合你的碎片，不是讓碎片各自分散，而是要讓他們集中力道。

■ 規劃行動：不是要看碎片，而是要看行動

第三個盲點，是我們收集工作碎片，卻不處理工作碎片。什麼是不處理工作碎片呢？就是我們收集了要做什麼事情，卻不規劃怎麼做。

我會利用第一章提到的「三層筆記法」來規劃「行動、構思、封存」，一個碎片的內容本身是構思或封存，但重點是「我要採取什麼行動」，有了行動，反而內容本身就不是那麼重要了，而這樣工作資訊流就會更順暢推動起來。

- 用「行動」取代你的碎片
- 專注「行動」，不用再管碎片

■ 要做什麼：不是要分類，而是要排程

第四個盲點，資料的整理關鍵不是分類，而是要行動，是要依據行動來排程。

　　當我突破上面三個盲點，把工作碎片慢慢凝聚成一個一個行動任務（專案）後，我的目的不是在分類整理自己的工作資料，最後我想要做到的是在自己的工作資訊流中，決定我要怎麼排出處理這些工作碎片的順序，也就是一個行動排程的清單。

　　在這個清單上，決定了每個月、每一週、每一天，我如何排程去處理工作碎片中真正重要的任務。在更後面的篇章，我會來談論如何建立起這樣的行動清單。

3-4 清空大腦，確認自我，解除焦慮

筆記幫你卸下大腦壓力，確認最直覺渴望，置換成積極行動

前面的筆記工作方法中，一個關鍵的步驟就是「收集工作的碎片」，在時間管理方法中，常常稱之為「清空大腦」的方法，把原本在腦袋裡造成焦慮的碎片，從大腦移出來，在筆記中重新整理。於是一方面在筆記中你明確看到自己的焦慮，可以具體的重組他、改變它。另一方面，你的大腦清空了，你有更清澈澄明的思考，能夠做出更符合自我的判斷。

處理壓力有兩個訣竅，第一個是承認有壓力，看到自己的困境。第二個是認知到壓力是情緒，卻不是現實，這是兩件事，是我們把現實認知成壓力，所以我們可以先放下壓力，專心去處理現實的事情。

清空大腦，正是這樣的一個關鍵而有效的筆記方法。

那麼，具體來說，可以如何練習「清空大腦」的筆記方法呢？下面跟大家分享我的具體做法。

簡單來說是一個三原則的筆記方法：

✓ 有技巧的探索大腦，把裡面的雜事列成清單

✓ 整理清單，給雜事不同的權重與判斷
✓ 把焦慮與壓力，置換成下一步行動

　　做一次這樣的步驟，就像幫大腦做了 SPA 一樣，可以有全新的戰鬥狀態面對接下來的挑戰。後來我甚至每週做一次，或是週間壓力很大，工作迷茫時，都利用這樣的筆記方法來重新自我思考。

　　而且你可能也發現了，這三個方法，同樣符合我在第一章所說的創變筆記的三個原則。

創變筆記	清空大腦
為什麼會這樣？	有技巧的探索大腦，把裡面的雜事列成清單
我是怎麼想的？	整理清單，給雜事不同的權重與判斷
我想要變成怎麼樣？	把焦慮與壓力，置換成下一步行動

　　來！接下來讓我們一起來練習看看。

■ 列出目前大腦中真正關注的幾個領域

　　我會打開一張空白筆記，然後先思考第一個問題：「目前在我大腦中擔心、關注、期望的領域有哪些？」

　　關鍵方法是不用刻意想得完整，也先不用去管其他外部的干擾源，只管大腦中「最直覺」浮現的東西即可。

單純探索自己大腦，看看裡面浮現出來真正我所關心的「領域」有哪些？這時候，我可以不被他人或社群的要求或期待所左右，能夠真正把自己腦中的關注傾倒出來。

1.2018 完成 esor 的筆記術專書

2. 帶爸媽去北海道旅行

當然我真正「應該做」的任務與專案不只這些，可是還記得我們前面有一張想做、要做與真正選擇的要事的圖嗎？**在大腦清空筆記中，我會專注真正浮現在腦海裡的東西，而非所有他人或外在世界交代或期望我要做的東西。**

■ 列出大腦關注領域的想法清單

第二步，我開始繼續深入探索我的大腦，列出每個領域底下，我想做的事情有哪些？或是我的想法有哪些？

關鍵步驟同樣是只管自己的大腦，暫時不理外界的期待與交代，不過要盡可能清空想法，即使是浮現一點點的念頭，都寫下來，移出大腦區，並探索自己的真心。

例如我可能繼續寫下：

1. 2018 完成 esor 的筆記術專書
1.1. 根據今年課程經驗來全面建立一套企業團隊也可實作的流程
1.2. 收集今年做過的所有相關筆記
1.3. 思考可被具體解決的工作沒效率的問題

　　1.4. 希望可以寫出一本完整有系統，又有創見的代表
　　　　性著作
　2. 帶爸媽去北海道旅行
　　2.1. 讓爸爸可以盡情享受攝影樂趣
　　2.2. 想要帶媽媽去放鬆
　　2.3. 想要帶爸爸導覽一些歷史文化故事

　　每個專案或領域可能有很多要做的面向，例如寫一本書要做的細節還很多，但真正在我大腦中讓我關注、有壓力或是期待的是什麼呢？優先寫下這些思考或煩惱。

讓煩惱「儲存在外部清單」，也讓期待可以被「客觀看見」，而不是在自己大腦中打轉。

■ 為你的事情賦予你的價值判斷

　　有了愈來愈完整的清單後，大腦的內在探索暫時先到一段落，接著我會根據上述清單，把「我賦予給他的價值判斷」寫上。例如：

1.2018 完成 esor 的筆記術專書
　　1.1. 期待這樣一本書可以融合我的更多工作技巧，時
　　　　間管理方法，也能代表電腦玩物一直以來的努力
　　　　方向。
2. 帶爸媽去北海道旅行
　　2.1. 期待能放鬆心情享受家庭出遊。

每個人的「時間籌碼」有限，我不可能真的把所有想做的事情完成，所以唯有把有限的時間籌碼，運用在或是對我有最大回饋價值，或是真正能夠「讓我感到幸福與滿足」的事情上。但在這之前，我需要先確認自己想要的幸福是什麼。

■ 給每個事情具體可行的下一步行動

　　然而前面都是列出想法，到了這個步驟，我已經重新整理了自己真心關心的領域，我就會在每一個事情或領域下：思考「起碼一個真正具體可行的下一步行動」。

　　於是上面的清單又會多出下面這樣的內容：

> 1.2018 完成 esor 的筆記術專書
> 　　1.1. 回想並列出自己今年的實際工作流程，分析自己的工作步驟
> 　2. 帶爸媽去北海道旅行
> 　　2.1. 收集北海道幾個最大觀光名勝的資料並閱讀

　　有了具體可行的下一步行動，會讓我「安心」，並有動力跨出實踐的第一步。而大腦很神奇的，只要能看到有辦法實踐的第一步，或是真的跨出第一步，那麼煩惱與焦慮立刻就減輕大半。

■ 跟從你的直覺

　　當然，我真正必須做的事情，遠遠不止上面列出來的那幾項，一定還有大量的工作、講座、撰文、家庭的待辦事項是我必須做的，或是別人交代我去做的。

> **但我的大腦清空筆記，優先關注真正在我大腦中會「閃閃發光」的想法。**

　　如果你想確認什麼事情對你最重要，比起什麼客觀複雜的分析，最好的方法其實是「詢問自己的心」、「跟從自己的直覺」。

　　找出我真正想要去執行（或因為沒被執行而產生真正焦慮）的目標和行動，然後把他們列為優先。因為唯有先解決上述那些在大腦中「閃閃發光」的想法，我的大腦才會停止壓力和焦慮。

　　我們之所以常常在工作上覺得自己很忙，完成很多雜事，但心中還是依然焦慮，就是因為完成外在動因的雜務不會讓我減輕負擔，只有完成「大腦中真正關注的事情」，也就是遵循你的「自我和諧目標」，才是解除焦慮的唯一道路。

　　甚至當我走在大腦真正關心的路途上時，就算我還有其他大量雜務沒時間完成，但我的心依舊會是安定的。

3-5 改變認知，克服拖延

千萬不要去克制拖延，那只會讓你更想拖延，

你需要的，只是不要管拖延這件事！

在時間管理上，我們大多數人，包括我自己，都要面臨一個人性中不斷出現的情境：「拖延」。拖延，本質上可以解釋為是一種情緒，是焦慮、壓力、模糊不確定的綜合產物。

但我們常常用了錯誤的方法去處理這種情緒，我們害怕拖延，所以不想要觸碰這個情緒，於是沒有去面對這個情緒背後的現實情況，而這樣的做法，剛好又導致了「拖延」，所以拖延是一個惡性循環，就像我們愈焦慮，焦慮就會愈大。

這時候，我們真正需要的不是讓自己變成一個不拖延的人，也不是如何去克制拖延。**而是「不要管拖延」，就去「直接面對那真正的現實情況」，然後開始「創造與改變我們的認知」，找出自我和諧的下一步行動。**

是的，這時候筆記一樣可以幫上你的忙。或者說，因為我們之前的筆記方法做錯了，導致我們拖延！

■ 你把現實寫的太難了

拖延來自於我們對現實認知產生的情緒，我們覺得現實很難，所以我們有了拖延的感覺。但「現實很難」是一個正確的認知嗎？這裡可以回頭參考我在「3-1」談到的自我和諧與現實認知的問題。**我們在列待辦清單時，之所以做不到，常常是因為我們寫下了「困難到我不想去行動」的任務。**

我們寫下很長的待辦清單，但每次看著清單時，不僅不會鼓勵我去行動，反而讓我覺得好有壓力、想要逃避，於是清單愈來愈長，條列的事很多，完成的卻很少！於是我們開始自責自己的拖延、低效率，但這又導致我們更有壓力，更不想去觸碰清單上面的事情。

這裡面或許有一個關鍵的問題是：「我們是不是寫錯目標、列錯計畫、設定錯任務了？」

或許不是因為我們真的很懶惰，而是因為我們「搞錯了真正要執行的行動」，於是那些在清單上的「假行動」帶來了各種挫折、懊悔和反省的夜晚。

什麼是「相對」無效的行動？

✓ 1. 目標很全面，但沒有下手處

✓ 2. 任務很籠統，具體成果不可見

✓ 3. 行動很美好，但事實上做不到

✓ 4. 計劃很完美，但和我沒有關聯

✓ 5. 夢想很偉大，但沒有截止期限

簡單的說，就是你沒有思考自己，沒有真正面對現實。

■ 什麼時候不會有拖延？

克服拖延，關鍵在於改變我們認知現實的方式，怎麼做？還需要先從現實出發。首先讓我們想想看，自己通常什麼時候不會拖延？我自己的經驗有三種情況。

很想做這件事情的時候

有時候真的會出現一開始就「自我和諧」，和我的內在認知一致的目標。

例如我們平常可能睡到十一二點都不想起床，但有一種時候我們甚至不需要鬧鐘就會準時起床，那就是出國旅行時，為了趕上早上的飛機五六點就要出門，不知道為什麼我們很興奮的四五點就起床，而且迫不及待就要出門。

當這件事情是我很想做的事情，也就是代表當這件事情有我很想要獲得的成果時，我們通常不會拖延，因為我的內在認知和目標完全相同。

這件事簡單又立即有成果的時候

假如週末偶爾要加班時，我前面出現兩個選項，一個是去工作，另一個是去看電影，通常我們會選擇哪個選項？大多數朋友可能會跟我一樣忍不住選擇看電影。為什麼呢？因為後面這個選擇簡單、壓力小，而且立即可以獲得娛樂的效果。

通常我們面對一個相對簡單，而又立刻可以獲得一定成果的事情，我們比較不會產生拖延的情緒。

這件事截止期快到而感受到緊迫性時

有時候一件事情如果很久之後才到期，即使我隱隱約約覺得好像差不多要開始準備，但通常都會缺乏動力。一直到截止期快到了，死到臨頭的時候，例如明天要交報告時，我才終於有辦法一鼓作氣，開始不想拖延。

通常沒有感受到立即的時間壓力時，我們很難有動力真的開始去啟動一件事情，因為拖延這麼迷人又舒服。

■ 如何改變認知，克服拖延

既然我們知道自己什麼時候「比較」不會拖延，那就能透過認知的改變，想辦法找到克服拖延的切入點，你可以在筆記中去重新改變你對這件事情的認識與情緒。

賦予一個自我和諧的目標想像

不會每件事情都那麼剛好是我很想做的，所以這時候我們不如「主動賦予這件事情一個美好而具體的未來景象」，讓這件事情的目標或期望，變成是我們想做的事情，而這是我們可以透過計畫自己來改變的。

例如我每天都發生的例子就是「寫文章」這件事，老實說大多文章有了素材或想法等題目後，其實我都會拖延，因為還有太多輕鬆又好玩的事情可以做：玩遊戲、看電視等等，而寫文章又是一個有難度的事情。

後來我想辦法不拖延寫文章進度的方法，就是主動幫這件事情加上「這篇文章如果寫好後的自我和諧目標」，例如想出很棒的文章標題讓自己忍不住想更快寫出來，或是這篇文章可以和之前文章構成系列

獲得更多瀏覽，還是這篇文章可以成為未來講座素材等等。

這些具體的美好想像，或是目標的置換，幫助我願意更快踏出開始寫文章的第一步。

把下一步行動變得簡單又立即有成果

如果說這件事情簡單又有立即效果時，我相對不會拖延。那麼我就主動找出該做的事情中那「簡單又立即有成果」的下一步行動。

例如我之前在執行減肥計劃時，一開始我設定的行動是每週減 0.5 公斤，但這個行動要「一週後」才有成果，而且要花七天的時間努力，這讓我總是拖著不想開始：「不如明天再開始減肥吧！」於是遲遲沒進展。

後來我想這樣不行，就把下一步行動定為「每天要控制飲食」，但控制飲食本身沒有什麼立即可見成果，所以我就再把下一步行動改為「每餐計算熱量」，這個行動就是相對簡單，而且立即可見成效的行動。

甚至為了計算每餐熱量，我又想到立即可做的下一步動是：「立即購買一個要付年費的減肥計算熱量 App」，這個行動當下我就能完成，很簡單，並且立即付出了金錢，也就讓我跨出了第一步，並且自然接續後面的其他下一步行動：每餐計算熱量、每天控制飲食，一週看到減重成果。

列出所有下一步行動，感受到不開始做就完成不了的清單壓力

這件事情有了美好而具體的目標景象，並且我開始採取了第一個下一步行動，那麼我其實就離完成事情拉近了起碼五成的距離，接下來我要做的就是保持持續做下一步行動的動力，這時候需要有一點時間壓力。

　　而自己創造時間壓力的好方法，就是把完成這件事情的所有下一步行動都列舉出來，當看到落落長的清單，那麼即使這件事情是一兩個月後才要完成，現在也就能從清單上立即感受到時間壓力，而截止線是推進我們行動很大的輔助。

　　我自己在平常工作時，一旦缺乏動力，我就開始在筆記中，把專案的行動清單列出來，或是列得更詳細，通常這會「刺激」我自己在兩三個月前開始關注與進行一個專案的任務。

　　上述三個簡單可行的步驟，就是平常我幫自己克服拖延懶病的小技巧，當然不能說百分之百克制拖延（我覺得也沒必要），但確實相對起來，幫助我更容易跨出拖延的迴圈，開始完成事情的第一步。

　　而這三個克服拖延的步驟，一樣跟我們的筆記方法對應。

筆記技巧	克服拖延
我想要變成怎麼樣？	你不知道想要獲得什麼
我是怎麼想的？	你不知道應該採取什麼行動
為什麼會這樣？	你不知道他需要多少時間

3-6 快狠準的子彈筆記清單

任何筆記工具都能做到的任務清單整理方法

前面介紹了許多利用筆記、思考的方法，來重新探索自己內心真正的目標，找到最想做的最重要的事情，並且清空焦慮、改變拖延，重組工作。但是，這些方法如何落實在一本真正的筆記本上呢？

你可能會有很多方式來實踐這樣的方法，這裡我也介紹其中一種，就是近幾年很受歡迎的「子彈筆記法」，他的意思是，把你的清單變成子彈，快狠準的完成你需要的任務與時間管理。這個筆記系統由一位紐約設計師 Ryder Carroll 所創，他特別說到：這是為了數位時代裡，仍然想要用一張紙就能開始做筆記的愛好者所設計的筆記方法。

前面我們講了很多方法，但我們還需要解決具體的紀錄、整理的問題。「Bullet Journal（子彈筆記法）」就是嘗試在最簡單的紙筆中，用最易學的系統，解決任務收集、排程問題，並建立有效的索引系統，可以說是需要時間管理的朋友會喜愛的筆記方法。

■ 速寫子彈來建立清單日記

　　下面我們就直接進入實作，「 Bullet Journal （子彈筆記法）」的第一個步驟是：「把所有當下出現的新任務、未來事件、關鍵筆記」，用「簡單具體的一句話描述」寫在你的清單上。

　　子彈，就是要快狠準，你的子彈就是筆記清單上一列一列的事項，為了滿足「快速記住」，並且「有效收集」的目的，所有多餘的事情都先不要寫，最重要的是簡潔的以條列清單的方式，把所有「重要事情」依序寫在筆記中！

　　這樣你就能在一天的行動裡，透過簡潔清單，有效的掌握這些子彈（就像掌握你的重要行動）。

子彈筆記範例

2015/12/23 子彈筆記

　　○選書會議 P2

　　□空拍百問進度

★□撰寫封面聞案

★☑跟鉉哥建議書名

★□嘗試編輯出體例

★☑撰寫子彈筆記法

　　□撰寫手機亂捨離整理

◉　○回家可能要領老婆禮物（好像快遞打電話來）

★☑空拍合約送審

！□大人學 Google 草稿

　　□安裝 Onenote

　$早餐 0 元

△熱量：500 卡 +

●嘗試不同的新書類型、挑戰市場

！●應該實踐自己的進攻型行事曆原則

●如果寫字可以療癒？收集多種文句讓人書寫？

■ 建立自己的子彈符號

問題是，雖然這樣收集任務很快，但是如果只是列出清單，這樣難道不會看起來很混亂？而真的需要記錄複雜完整的筆記時怎麼辦？這些「Bullet Journal（子彈筆記法）」都已經想到很有效率的解決辦法，就讓我一一道來。

「Bullet Journal（子彈筆記法）」是一套看起來簡單，但非常有邏輯系統的筆記術，設計者建議可以搭配用來標明不同任務性質的「符號表」。

當你在原本只是列舉的待辦清單中加上子彈符號，你會發現一瞬間，你的清單便成了一個「可以被整理」的狀態，而不再只是單純清單。

可以有哪些符號呢？這裡又是「Bullet Journal（子彈筆記法）」的創舉，**符號我們可以自己設計，這樣一來每個人的子彈筆記都可以滿足獨一無二的需求**，例如你想要記帳，你就能把記帳條目加上一個你設計的記帳符號，來註明這顆子彈是關於帳目。

而「Bullet Journal（子彈筆記法」設計者也建議了幾種基本的符號需求：

● 一個待辦任務。

○ 一個要執行的事件。

▬ 一則單純的筆記。

接著，為了要突顯清單裡某些子彈的執行狀態，我們還可以附加額外的符號來提醒自己：

◉ 後續要追蹤、還需要研究的事情。

！ 有靈感、有啟發的筆記。

★ 最重要的任務。

上面這六種符號是「Bullet Journal（子彈筆記法）」設計者所建議的，因為這樣一來，在單純只是流水帳的清單上，就會立刻清楚的展現出任務、事件、筆記的不同層次，而我們可以準確找到重點。

■ 推延前一天沒有完成的任務

接下來我們就會遇到另外一個問題，如果今天寫下來的一個任務，今天沒辦法完成的時候怎麼辦？這時候「Bullet Journal（子彈筆記法）」很巧妙的提供了任務推延排程的方法。

「 Bullet Journal（子彈筆記法）」之所以建議用「一個點」來表達這是一個待辦任務，是因為後續如果任務完成，只要把點疊上一個「 X（大叉叉）」，就能表明。

而如果任務今天沒辦法完成，就把圓點改成「向右箭頭」，代表我要拖延這個任務，然後把這個任務再一次抄寫到明天的待辦清單中。

「Bullet Journal（子彈筆記法）」的設計者認為，這樣的配套作法，可以提醒我們任務被拖延了，在不斷的重新抄寫中重新確認任務是不是重要的，直到有一天真正完成為止。

■ 用新的筆記頁延伸重要任務筆記

那麼如果這個任務在「Bullet Journal（子彈筆記法）」清單中只寫一行話，但是需要有更多資料來補足的時候怎麼辦？難道完全不寫進筆記中嗎？

當然不是，「Bullet Journal（子彈筆記法）」是說子彈清單的部分要保持簡潔，但是如果有某一個任務需要更多內容的補充，就「換一頁」寫到一整頁新的筆記中，把你需要的完整筆記寫在新的這一頁。

這樣一來，可以有簡潔的子彈任務清單，也可以有子彈所需要的完整火藥記錄，而他們在不同頁中，不會互相干擾。

■ 用頁碼建立連結索引

問題又來了，一直開新的頁面重新記錄，這樣要怎麼找到我這個子彈（任務）的相關火藥（任務剖析）在哪裡？

很簡單，「Bullet Journal（子彈筆記法）」說就用「頁碼」的方式做連結，例如有一個子彈任務新開了一頁來記錄相關筆記，那麼就把那一頁的頁碼寫回子彈清單的項目中，這樣我自己在查看時就能快速索引。

這個頁碼的連結也是「Bullet Journal（子彈筆記法）」的另外一個關鍵。

除了子彈清單與相關筆記頁面之間要建立連結外，「Bullet Journal（子彈筆記法）」建議我們在整本筆記的最開頭建立一個「目錄索引頁」，把後續每一天的子彈清單在哪一頁？重要的任務筆記在哪一頁？都寫到目錄中。

這樣一翻開筆記本，就能快速查詢。

■ 建立每月子彈清單

最後，「Bullet Journal（子彈筆記法）」還建議我們在每月的開頭，先用一整頁筆記建立這個月的行程表與任務清單。

同樣善用子彈清單的精神，先條列出這個月的所有日期，然後把重要活動寫在他即將發生的日期上。

另外再用一列先寫出這個月可能、計劃要做的子彈任務清單，這份任務清單幫助我們查詢，可以把上一個月沒有完成的子彈任務都重新先抄寫到這個月的總任務清單中，並且隨時可以把其中一項任務抄寫到接下來某一天的子彈清單中。

■ 子彈筆記清單的優點

我自己在實作「Bullet Journal（子彈筆記法）」的過程中，體驗到幾個優點，第一個就是這真的是非常清爽高效率的筆記方式，他的子彈清單讓我們聚焦在重要任務，又能有效但不干擾的處理複雜筆記。

而且無論是用一張紙，還是一個 App，「Bullet Journal（子彈筆記法）」的概念與方法都能派得上用場。

「Bullet Journal（子彈筆記法）」把基本的子彈區分成任務、事件、筆記三種層次，這也給我們一個很重要的提醒，讓我們做筆記時清楚區分什麼是要做的？什麼是必須的？什麼是想要的？幫助我們「選擇」出真正值得執行的任務，而這正是我們筆記方法的核心。

3-7 每日 135 專注法則

建立做得到的每日待辦清單，而不是反噬自己的焦慮清單

前面在時間管理的反思中，我提到時間管理不是把所有事情做完，而是把我選擇出來的重要事情完成。

但是有時候我們都過度理想化，我們總還想「完成更多事情」，卻沒有意識到，這些更多的事情，反而可能是造成我們效率下降的元兇，因為做不完的焦慮，會反噬我們，導致我們連重要的事情也無法完成！

而如果你不知道怎麼讓自己「做得到」，可以先練習看看我這個「1-3-5 專注法則的每日清單」。

■ 1-3-5 的規則

「1-3-5 待辦清單法則」很簡單，就是讓每天的待辦清單控制在以下的數量，並依序排列你的清單：

✓ 每天 1 件重要任務

✓ 每天 3 件中等任務

✔ 每天 5 件小型瑣事

為什麼要設限？不能自由列出我想做的事嗎？

我們只要回想：自己原本的待辦清單，為什麼常常列了很多「想做」的事，很多任務打上星號提醒自己很重要，最後卻每天留下一大堆未完成任務？甚至因為清單太長而打亂自己做事的節奏，讓自己「猶豫不決無法明快決策」？這時候，你就知道「設限」很重要。

事實上，每天都時間有限，所以我們可以完成的任務也有限，若不設限，反而讓自己在太多「想做」的事情中，東摸西顧，迷失了「去做吧！」的動力。

■ 找回「有重心」的工作方式

轉換你的觀念，放下「每天想要把所有事情完成」的執念，因為你想做的事情永遠多於你可以做的時間。

拾起新的想法：「每天只要能往前邁出重要的一步就好」，雖然不一定能讓你更快到達終點，但一步一步邁進，終究會到，並且腳踏實地才不會中途迷失方向。

因此我對「1-3-5 法則」有一個延伸的解釋：「有重心的工作方式」。不是完成很多事情你就會成長，如果完成的都是瑣事也沒用。

而「1-3-5 待辦清單法則」幫我們聚焦「每天一件的重心」，那麼，什麼事情應該放在第一件任務呢？當然就是「自我和諧的目標」。或者，我們可以借用史蒂芬柯維的時間管理四個象限來選擇：

重要的事	重要緊急的事
可能是未來一到數個月之間大目標的大型任務，完成後可以產生高價值，但不是可以立即完成，例如我要寫一本書，會有必須完成六個章節的六個大型任務。	最好避免事情變成重要又緊急，例如明天新書要截稿，但我還有一章節沒寫完。
不緊急又不重要的事	緊急但不重要的事
通常是那些想做，但做了不一定立即產生高價值的事（但也可能長期累積會產生高價值），例如想要開始每天晚上做運動。	這幾天必須完成的小型任務，或是完成也不會高度提升工作價值的事，例如主編要我今天交出新書的序。

在「1-3-5 待辦清單法則」中，就能對應上面四個象限的任務來安排清單：

✓ 每天 1 件重要任務：放入一件最重要的任務，例如今天要寫年底新書第一個章節。

✓ 每天 3 件中等任務：如果還有重要並且快要變緊急的事，優先放入中型任務。如果沒有，就放入緊急但不重要的中型任務，例如寫一篇序。

✓ 每天 5 件小型瑣事：放入可以 30 分鐘內很快處理的瑣碎任務，可能是緊急但不重要的小型任務，或是不緊急也不重要但是我想做的事，例如跑步運動 30 分鐘。

■ 做得到，才能累積自我實現

根據前面的範例，我們來算算看，這九件事情的時間花費：

●每天 1 件重要任務：花三個小時。

●每天 3 件中等任務：各花一個小時，總共也花三小時。

●每天 5 件小型瑣事：各花20到30分鐘，預估總共會花掉兩個小時。

這樣的工作時間是多久？答案是 8 個小時，不就是我們通常上班可以認真工作的時間了嗎？已經佔掉整天的 1/3。

而且這 8 個小時還是指全力工作狀態，如果加上其他意外瑣事、整理郵件雜訊、排程任務清單、閱讀資訊、研究思考、家人相處、生活樂趣等等時間，還有你可能被叫去開會，或是要參加什麼活動的時間，其實可以「認真」處理待辦清單的時間真的所剩不多了，你每天根本沒有 8 小時認真工作的時間。

所以不要覺得「1-3-5 待辦清單法則」好像很少，應該說我們時間本來就有限，做不完那麼多事情，所以才利用「1-3-5 待辦清單法則」找回工作重心。

「1-3-5 待辦清單法則」不僅夠用，而且最好我們還「不要把他列滿」，每天才有安插臨時要做的任務的餘裕。

什麼是滿足呢？身為一個人，會感到滿足的時候，就是最後的結果比她預期的還要多一點點，這時候你就會進入了一個幸福充足的狀態，關鍵就是要比預期的還要多一點點。但是如果比預期的少一點點，我們可能就會感受到挫折、失敗、失望，以及不滿足的情緒。

可是如果我們不考慮現實，就會總是陷入這種不滿足的情緒。

　　我們在時間管理排任務清單的時候，也是類似的道理，我在今天排了十件事情，最後我只做到了八件，我覺得不滿足，我覺得充滿了挫折，可是如果我今天只列了五件事情，然而我最後有多餘的時間多完成一件事情，即使最後完成事情甚至可能比較少，但是，我們就會進入一個今天覺得過得很充實很滿足的狀態。

　　而更重要的是，這樣的狀態如果能持續，我們的自我實現增加了，幸福感與自信提升，我們也開始認為自己是一個可以完成事情的人，於是時間管理也就會開始有不一樣的改變。

3-8 每週重新上膛的子彈計畫

最好的放空，是把焦慮與挫折放空，讓自己重新加速

　　我們的時間已經有限，還要花時間在筆記上去做整理、計畫，這樣的時間花費真的值得嗎？這或許許多朋友也會思考到的問題。

　　我自己的習慣是：每週日下午，我會花一個小時擬好下週計畫。而我的經驗告訴我，這個時間支出獲得的收益，將會非常值得。

　　在這個章節的第一篇文章，我提到時間管理就是要「想到自己」，但忙碌的生活很容易讓我們「被外在因素拉走」，漸漸地不再想到自己，可是這樣一來，你的專注、重心就會跑走，所以每週的計畫，其實就是定期去想想自己的方法。

　　甚至可以說，這樣的每週計畫，才是最好的「放空」，不要腦袋空空、行動空空的放空，而是把心的焦慮「放空」，把過去的挫折「放空」，但重新填補好未來這些留出來的空位。

■ 每個週末花一個小時做計畫，效果是什麼？

　　週末時間寶貴，還花一個小時去做計畫，這是浪費時間？還是節省時間？以結果來說，這是節省非常非常多的時間。

週末是一般工作者認為的「放假休息時間」。但所謂的「休息」，不是什麼事都不要做：如果你「完全休息」，很有可能等到放假結束，你只會更焦慮。

事實上，人很多時候需要的休息，是趁著「週末不用到辦公室工作」的情境轉變，讓你的身心腦去接觸平常工作「不會」與「不能」接觸的事情，刺激靈感與想法，補回心靈與大腦的「真正動力」。這才是有效的「充電」。

所以休息不一定要什麼都不做，最好是去做「你平常無法做的事」。例如，在週末的充電時間，好好重新面對自己，重新面對未來的時間，然後重新「校準」你的計畫，因為這時候比較少臨時的瑣事和忙碌的工作打擾你。

每個週末一個小時，想想自己，仔細做出我的下週行動清單。這個習慣幫助我真正的減少累積的壓力，並且讓下一週重新回到目標軌道上，不會繼續上一週快結束時的混亂。

因為時間管理的方法不是讓你更忙碌，而是讓你避免陷入忙碌的陷阱。

一股腦地瞎忙，讓你只是把時間都浪費掉，而要不瞎忙，就要幫自己做好計劃，這樣一旦忙起來時，才不會走偏方向。

■ 反省前一週的行動

但是，我從這幾年的執行過程中也發現：「計畫不能隨便亂做」，如果只是單純列出下週要做什麼，然後一樣都做不到，那這樣的計畫

也只是讓自己更焦慮、更忙亂而已，反而浪費了更多時間。

如果真的要在週末執行放空計畫，可以試試看下面四個步驟。

首先我會先回頭反省一下「上一週的行動清單執行狀況」，看看哪些任務被完成？哪些任務被拖延？哪些任務出了錯誤？又新增加了哪些任務？有哪些專案還有步驟要持續推進？

我也會檢查筆記，看看上週的工作與生活記錄了什麼心得？有什麼發想？有什麼疑惑？

不過重點不是光看就好，這時候我會去思考：「如果上週有這個問題，那下週我準備如何解決這個問題？」

在這個步驟的最後，是把上週需要解決的工作、生活、個人問題的「解決步驟」列出來，準備最後排入下週的行動清單。

■ 清空大腦

接著我會放下上一週的所有失敗（因為已經整理好了），然後開始不看所有東西，單純探索我的大腦內在，看看有沒有我想做的事還沒寫上筆記？有沒有我的煩惱還沒寫出來？這就是前面文章提到的清空大腦步驟。

大腦內在探索完了，我再去檢查郵件、即時通、筆記本，有沒有還有漏掉的工作上的事情。

在清空大腦階段可能會「挖出」很多想做的事情，不過我們是沒有時間都做的！所以這時候可以先從清出來的事情中，幫自己覺得最重要的事情與煩惱打上記號。

■ 檢查一遍下週行事曆

清理了上週結束後要延續到下週的行動、清理了大腦中新的煩惱後，在決定真正要做什麼事情之前，我會看一下下週的行事曆。

看行事曆的好處有兩個，一個是知道事先已經安排好的下週重點工作是什麼，這週是否偏離目標，這樣重新校準目標會更容易。

第二個是從下週已經安排好的專案進度與行程，我可以知道我下週還剩下多少可以運用的時間。

知道自己還有多少時間可運用，這樣看著前面步驟清理出來的任務，就會知道要取捨到什麼程度。

■ 決定下週行動清單

更大的關鍵就在於，這個習慣要有效，就是前面的步驟都「不是」排出待辦清單！**有時候我們會誤以為列出來的所有東西都是我的待辦清單，但這樣的計畫是無效的，是根本做不完，只會增加焦慮的。**

所以要花一個小時計畫的原因，就在於前面 40 分鐘的時間其實是把自己的「籌碼（有多少時間）」和「標的物（上週反省、大腦清空）」理一遍，確認掌握著大部分情況，這時候才進行最後決定：

> **下週要把有限的時間籌碼，**
> **投注到哪些可以自我實現的標的物上？**

每一個週末計畫的過程，都是投注的過程，我知道所有可以投注的事情有哪些，我知道可以投注多少籌碼，於是我開始選擇要投注哪些

任務。

有「任務清單」是一回事，但真正重要的是「我選擇採取哪些行動的清單」。

所以我前面一篇才提議試試看「135專注清單」，很多人說我的任務比這多耶？但問題是你沒有那麼多時間，列出所有任務又怎樣？我們要知道的是「優先專注要行動的是什麼」。

於是到了下一週，我知道有空檔時要優先執行甚麼事情，當計劃出現意外、忙亂時，我知道要趕快把握哪個方向。雖然一週之後可能又有點偏離，但只要每一週這樣校準一次，確實可以大幅改變下一週的工作效率，而也就改變你長期的工作效率了。

3-9 並非所有計畫你都要積極以對

積極的衝刺，可能只跑到半路。消極的累積，

卻可能堅持到終點

　　每年的年底與年初，通常是筆記最熱銷的時候，為什麼？因為新的一年即將來臨，每到這個時刻，許多朋友都會開始立下新年新希望，開始想要做新的筆記。但是，如果先回顧自己前一年的新計畫，可能發現達成率都很低，對於這樣的情況，應該要怎麼辦才好呢？

　　為自己每一年立下長遠的目標，不會是壞事，但是回到我們的問題上：「為什麼大多數時候，我們的新年新希望，最後達成的總是很少？甚至完全沒有達成？而這件事又總是帶給我們很大挫折呢？」

　　是不是我們不會做計劃？是不是我們要做出更複雜更嚴謹的計畫？我認為不一定是這樣。要解決這個問題，首先要釐清年度計畫其實有兩種。

■ 第一種年度計畫

　　第一種年度計畫，例如我工作上每到年底，也被要求交下一個年度的專案計畫，我要預先安排下一個年度要做幾個專案？哪些專案最有價值？分別要在什麼時候完成？有了這樣的明確目標，我就可以開始

回推實現他的計畫流程。

這種計畫有明確的外在目標、外在壓力。我要擔心的不是可不可以實現，而是一定要實現，還有我要怎麼實現。

這就需要事先計畫好，把時程、資源作好安排，然後現在開始逐步地完成它。這種年度計畫也可能遇到意外，但不至於放棄，頂多就是到時候有時程的調整、步驟的修正。

除了工作上的專案年度目標外，像是你的職涯規劃、升學計畫，或是你的人生即將要有大改變，都是這類型的計畫。

這類型的新年新希望，其實不是希望，而是一個「因為某個明確的理由，我一定要要某個時間前完成的目標」，這時候，需要的就是把複雜專案計劃成可以循序漸進完成的技巧，也就是我們前面幾篇提到的技巧。

■ 第二種年度計畫

但是，大多數時候我們講到自己的新年新計畫時，其實講的是第二種年度計畫。什麼是第二種年度計劃呢？也可以說就是那些「沒有明確的理由、沒有一定要完成的時間，但就只是想完成的目標」。

當別人問我們新年新希望是什麼時？我們可能會回答：「我想學會做料理」、「我想來個跨國長途旅行」、「我想寫一本書」，也就只是腦袋當下靈機一動的想法。

通常這樣的希望，在一年之後，都會發現自己依然沒有實現他們。

這是當然的啊！這樣的年度計劃怎麼可能會實現呢？我們根本沒有任何談得上計劃的東西啊！還記得在第一章，我們談到「筆記是不是自我實現的預言」時，提到除非寫清楚，要不然寫下來是不可能實現的。

但是，面對這些「偶爾想到的希望」，我們是應該去認真做計畫嗎？我認為也不是！

為什麼？因為第二種年度計畫，真的就只是一種新希望，就只是覺得自己想做的「可能性」而已，沒有第一種年度計劃那樣的外在現實壓力，也不一定有「強大的自我和諧動力」，面對這二種新希望，不需要太認真做計劃，但也不一定要放棄。

應該說，第二種年度計畫本質上「不適合用計畫的方式」來實現他，因為：

> **沒有外在現實的成果要求或時間要求，怎麼計畫都只是想像，都不現實，而不現實的計畫不會實現。**

> **但這些不現實的計畫，卻會帶給我們大量多餘的壓力，要做這個、要做那個，結果都沒做，壓力更大。**

所以面對第二種新年新希望，我們首先要做的，是找到下面三個問題的答案：

✔ 想做的新計劃很多，哪些真的能做？

✔ 想做的新計劃很多，哪些我真正有興趣做？

✔ 想做的新計劃很多，哪些真正做了有價值？

是的，你一定又發現，就跟我們這本書要談的創變筆記原則一致。

■ 消極計畫，積極準備

這時候，面對第二種年度計畫，我建議採取的方法就是：「消極計畫，積極準備」。

千萬不要把想做的事情都排上計劃表，因為那只會搞亂你的時間，也帶給你都不想做的壓力。只要先把「第一種年度計畫」排上時間表，然後「第二種年度計劃」就用消極計畫的方式面對他。

什麼是「消極計畫」？就是我有點想做這個目標，那我就：

- ✔ 把他寫下來
- ✔ 但也就這樣
- ✔ 不用去排程
- ✔ 記得自己想做就好

不排程，不用給自己一個明確的計劃，不用管什麼時候要做什麼，因為就算排了也通常做不到。但是，雖然沒有計畫，接著我卻會採取「積極準備」的態度來面對這類新希望：

- ✔ 想到可以做什麼，就補充到計畫中
- ✔ 看到什麼相關資料，就補充到計畫中
- ✔ 有什麼心得、思考，就補充到計畫中

例如我想寫一本書，但沒有任何外在的迫切性，不過我消極但明確地把這件想做的事情寫下來，讓自己偶爾在筆記中看到他。

接著，可能我偶爾想到幾個好題目、有時看到一些相關資料，或是忽然有個很棒的思考，我這時不會因為前面沒有計畫，就消極的放過他們，我反而會積極地把這些片段組織到我原本消極的計畫中。

■ 保持行動，比計畫更重要

並不一定要有一個計畫，不用告訴自己什麼時候要寫好大綱、什麼時候要收集好題目，因為有時候有了這樣的時程，反而是讓自己更想拖延逃避，尤其對於「第二種年度計畫」來說更是如此。

> ### 但是，但卻可以讓這個新希望
> ### 「保持偶爾的行動」。

透過「消極計畫」讓自己「沒有壓力的惦記著」這個計畫。經由「積極準備」在「遇到相關連的東西時就累積能量」，同時也是確認前面提到的三個問題：

- ✓ 真的能做嗎？偶爾想到，在網誌試寫兩三篇，看看自己是不是真的能寫出有影響力的文章。

- ✓ 我真的有興趣嗎？偶爾看到相關資料，持續收集整理，慢慢看到自己到底有多大的動力做這件事情。

- ✓ 對我真的有價值嗎？偶爾的思考，漸漸發現自己到底有沒有獨特的想法，確認是否能製作出有價值的成果。

不一定要有計畫的壓力，但保持偶爾的行動，去確認這三個關鍵問題。並且在偶爾的行動中，累積這個計畫本來需要的知識、能力、資料、想法。

■ 兩種年度計畫，不同達成方式

所以，年度計畫其實有兩種，第一種年度計畫已經有外在時間與現實壓力，或是你的內在驅動力十分明確而強烈，這時需要的是計劃排程的技巧。

第二種年度計畫真的只是新年新希望，這時候不需花時間去做無法做到的排程，但可以採用「消極計畫，積極準備」的態度，逐漸累積第二種計畫的能量。

兩種計畫，有兩種對待方式，有時候我們要做計畫，但更多時候我們要先準備，千萬不要搞混。

> **但是，要獲得有價值的成果，最終我們還是需要「第一種年度計畫」。**

那些過多的新年新希望，會帶給我們「想做的事好多，結果什麼都沒做到」的干擾與壓力，這時候，透過「消極計畫（沒壓力）」但「積極準備（累積能量）」的方式，讓其中少數的第二種年度計畫，逐漸過渡成為第一種年度計畫。

回到那個想要寫一本書的例子，在逐漸累積偶爾想到的題目、偶爾出現的新想法，偶爾實踐的文章撰寫後的經驗，有一天，發現這個計劃我真的可以做、想做、也能做得有價值，那麼這時候，他就會變成「第一種年度計畫」，再幫他加上明確要實現的時間與目標，而這時候因為已經有所準備，所以做起來的計畫，也會更明確而可以實現了。

3-10 筆記如何幫你保持專注力

你不需要完美的專注，你只需要立即行動的專注

最後，讓我們來補充，「從自我為出發的筆記」如何幫我們達到時間管理最後一個目標：保持專注力。

「專注力」，是焦慮而雜事纏身的朋友，或是拖延與分心的朋友，都想要獲得的能力。這個詞彙很美，但我們應該思考一下，為什麼要專注？一定要專注才是好事嗎？所謂專注是什麼意思？我對「專注力」有三個在實作經驗中產生的解釋。

首先，專注跟時間長短無關。不是說我一定要一個小時專心做一件事情才叫專注，如果我能有 5 分鐘專心想一篇文章的草稿，這也會是很棒的專注力體驗，不用去糾結你可用的時間長短。

再者，專注跟是否分心無關。專注有可能是一次只做一件事情，但一定是一次只做一件事情嗎？這個定義本身就有點奇怪，有時候創意的來源就是同時接受很多資訊的刺激，或是你在做 A 時也有可能創造更多 B 的產值。與其計較是不是完全不分心，不如關注「投入」與「產能」之間的關係，在相同的時間下我是不是創造出價值，這才是專注的目的。

三者，專注不等同效率速度。專注有可能更有效率，但專注追求的不是速度，而是當下快樂且積極的情緒，覺得自己可以忘記時間，享受一種充分地採取自主行動的狀態。

■ 專注的關鍵，跟隔離干擾無關

　　「專注」對我來說是很重要的狀態，因為我的時間在家庭、工作之間被切割得很破碎，我有許多任務與資訊需要接收處理，很多時候我並不能夠照著自己想要的時間來安排。

　　但「能夠進入專注狀態」，卻是在這種現實之下，幫我保持生產力最好的秘訣。

　　所以接下來，我想跟大家分享，我自己經驗中，「相對有效的專注方法」和「常常無效的專注嘗試」。

　　相對有效的專注方法：

✓ 列好清單
✓ 挑選重要的事
✓ 拆解隨時可立即執行的步驟

　　常常無效的專注嘗試：

✓ 排出長專注時間
✓ 挑選困難的事
✓ 跳過零碎時間

■ 列好清單 V.S. 排好時間

這兩個方法比較下，我自己的經驗是「列好清單」更容易專注。

我們通常都知道自己需要專注，尤其準備大考試、執行大專案時，所以我們會想像要預先把明天、後天想要專注的時間排出來。可是很容易這樣排出來後，反而更不容易專注，如果排好的時間還沒到，就想說還不需要專注。可是等到排好的時間到了，反而開始想東想西無法專注。

排好的時間表，還很容易因為一些小的意外之事而被破壞，這時候「期待有長時間專注」的我們，就會想說現在還不能專注做這件事，以後再說，但這就會是一個惡性循環。

不過有計劃是對的，我要先有「要做什麼事情的計畫」，才能專注在計畫好的事情上。只是可以「列出清單」就好，然後比起排出專注時間，**不如任何時間都專注在計畫清單的某一件當下最適合的事情上，反而更能享受隨時專注的效果。**

■ 挑選重要的事 V.S. 挑選困難的事

在專注這件事情上，有時候我們很理想化。

> **專注是達成理想與完美的必要方法，**
> **可是理想與完美卻會害我們不專注。**

我們很容易想要一次就去做最困難的事，或者因為之前不專注的罪惡感，讓自己更想要專注在難題上。聽起來專注在難題很好？但只專注著難題，卻更容易產生焦慮，有了焦慮就無法投入，也就會讓產能降低，並且無法處在快樂而積極的狀態。

所以試試看不要專注在困難的事，而是去專注重要的事，可以讓你當下製造價值的事。

這是什麼意思呢？難道重要的事情不困難嗎？應該這樣說，一件事情有很多困難的成分，也有很多當下可以先產生價值的成分，那麼就優先去挑選那些「當下就能產生價值」的成分，這時候我們更容易進入專注。

而當累積了足夠的價值，原本困難的成分也會持續變得簡單許多。

■ 立即執行 V.S. 有空執行

專注並沒有時間限制，很多時候我們會覺得只是幾分鐘的空檔，不足以去做專注的事。其實並非如此，即使只有一分鐘，如果能夠讓我思考一個小問題，並且想出一個小解答，這難道不是專注嗎？

專注的思維不會是有空再執行，或是現在無法專注。真正專注的思維是，任何時刻我都可以立即採取某種行動，並且享受那個行動。

而這時候，適度的拆解任務，讓任務可以有更多具體而立即可執行的步驟，就有助於我們隨時進入專注的狀態。

- ✓ 列好清單
- ✓ 挑選重要的事
- ✓ 拆解隨時可立即執行的步驟

　　這其實就是我們這個章節所談的時間管理筆記方法，看似簡單，但背後有許多深層的意涵，並且確實可以幫助我們解決時間焦慮的問題。

四，
人生筆記
以經驗為成長的階梯

你不會因為成功就幸福，但會因為你創造對成功的認知，而感到幸福。

你需要看到的不是優缺點，而是下一次怎麼做更好。

犯錯不是問題，有意識地犯錯，反而增加改變的可能性。

比起整理學習筆記，關鍵是發展可以利用的技能系統。

大腦很容易受影響，那麼乾脆影響他，用筆記讓大腦更快樂。

事實上你無法準確判斷重要性，但你可以把任何事情變得重要。

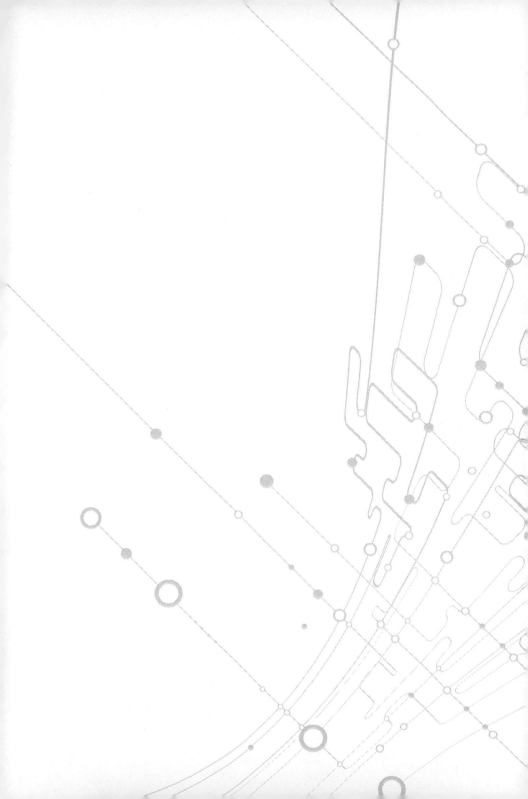

4-1 用筆記改變幸福水平線

**你不會因為成功就幸福，但會因為你創造
對成功的認知，而感到幸福**

　　當然，我們不會故意要去尋求失敗。但是為什麼有些時候成功了，
我們還是感受不到快樂？有些時候生活平順，我們反而覺得空虛？但
有些人，工作也不是那麼輕鬆、生活也不是完全富足、也常有失敗，
然而他們還是感到幸福呢？

　　與其說這是一種個性上的天賦，不如說這是一種累積與練習的結
果。

　　幸福並不是一種持續的狀態，不會因為我好不容易達成一個困難目
標後，從此過著幸福快樂的日子，這種童話故事的結尾，在現實中是
不存在的。真實的情況是，我達成了一個成功，也許當下會獲得幸福
的感覺，但是隨著時間，這種幸福的快樂就會慢慢降低，接著回到了
跟之前一樣的狀態。

　　而且因為我們很容易習以為常，所以當下一次又達到了一樣的成功
時，很有可能無法獲得同樣數量的幸福感。

　　這時候，雖然幸福無法是一個持續的狀態，**但是我們可以練習「持
續幸福」。**

■ 幸福水平線

生活中，會遇到一些好事，也會遇到一些壞事，遇到好事時，我們的幸福與快樂的情緒暫時提升，同樣的，遇到壞事時，我們的幸福與快樂的情緒會暫時下降。

有時候，你會遇到很大的好事，這時候幸福感或許會維持一段比較長的時間。例如我剛剛結婚時，新的生活、有人陪伴，前幾個月都覺得非常新鮮，每天都有因為新生活而展開的新嘗試，那段時間覺得自己比以前更幸福。不過，等到過了一年，慢慢開始進入平常的生活，不是說不幸福了，而是那種多出來的幸福感就會慢慢消失。

有時候，我們也會遇到很大的壞事，這時候不幸福感也可能會維持一段長時間，例如失戀了，或是工作上遇到很大的挫折，不過隨著時間推移，傷心與低落的心情，也會慢慢上升，回到跟之前差不多的平均值。甚至因為偶爾遇到的一些小小的好事，例如又遇到一個不錯的人，幸福感可能會回升的更快。

也就是說，幸福感是在一個「幸福水平線」的上下，來來回回的升降，並且趨向於回到水平線上，處在一個不是幸福但也不是不幸福的狀態。我們回頭思考自己人生的經歷，快樂與難過的情緒變化，相信都能感受到這條「幸福水平線」的存在。

而在哈佛知名的積極心理學課程中，講師 TalBen Shahar 提到了一個「幸福的上昇螺旋」理論，如果說我們總是會回到幸福水平線上，那要怎麼讓自己幸福呢？**方法就是，想辦法提升自己的「幸福水平線」。**

生活與工作上的大大小小事情，影響著我們感到幸福或感到不幸福，但就算現在感到幸福了，也會逐漸回到自己的幸福水平線。可是如果我們可以練習逐漸提升自己的幸福水平線，從「更高的水平出發」，那麼遇到小小好事，我的幸福感也會很快達到高峰。遇到壞事，我也是從比較高的水平線開始往下落，而不至於落到最低谷。

幸福水平線

我們的幸福感有一個平均值，好事壞事會讓我們在這條水平線上
心情起起伏伏。

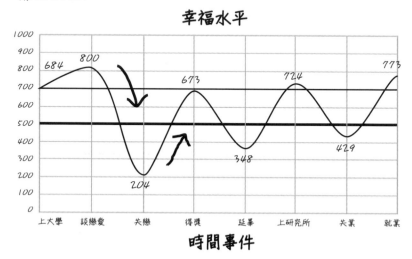

但是如果我們可以讓這條幸福水平線「持續上升」，
那就能更容易進入幸福的狀態，也更不容易跌落不幸福低谷。

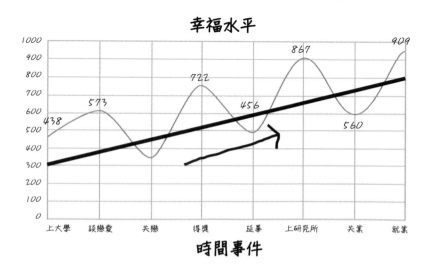

■ 你不是因為成功而幸福

那麼，我們要如何提升自己的幸福水平線，這又和筆記方法有什麼關係呢？

當我們隨著現實的成功或失敗而起舞，那麼我們的幸福感就會完全由外在事件來決定，有一點好事時會快樂，但有更多更常出現的阻礙、挫折、困難時，我們更容易不快樂。

可是在第三章的筆記與時間管理方法中，我提到了一個「自我和諧目標」的方法，裡面講到，現實是現實，但關鍵是我們如何去認知現實。在第一章的筆記技巧中，我也提到創變筆記的核心，不在於記錄與複製現實，而是在我們如何創造改變自己面對問題的思考。

要提升自己的幸福水平線，也是同樣的方法，**這條水平線的改變，其實是一種認知與思考改變的過程。**

有可能我們正面臨著一段長時間艱困的情況，或許是工作上有一個很高難度的專案，在這個過程中有很多阻礙的任務、意外的狀況。如果我對這個情況的認知是，這太難了，這沒有道理，為什麼我要被陷入這樣的情況，然後我選擇逃避其中一些難關，當然，逃避的結果一定是失敗，可是這時候的失敗會降低更多幸福感，**並且讓自己認知到我沒辦法改變，這個世界就是這麼不幸福，幸福水平線還有可能降低。**

可是相反的，同樣面臨一段長時間艱困的專案，一樣有很多阻礙的任務和意外的狀況。但是如果我對這個情況的認知是，這很難，我有很多風險會失敗，可是我有看到幾條可行的道路，我就來挑戰看看。或是我有看到一些暫時可行的辦法，我還不想放棄就來試試看。最後的結果也不一定成功，可是這時候的失敗不一定會帶來幸福感下降，反而有可能讓幸福感上升。

因為，我知道我還是有可能失敗，可是我也知道我當時決定去挑戰，這讓我覺得自己很有勇氣，讓我覺得我有嘗試和盡力過，我不需要後悔。失敗讓人很難受，但我本來也已經看到這些失敗，而這時候，**我反而從失敗之外，看到我自己那些新的努力與行動帶來的不同。這時候，我反而更幸福。**

逃避，讓失敗一無所獲。挑戰，卻能在失敗中創造一些新的東西。

> **並且挑戰會改變我的認知，讓我開始相信我可以有些改變、我有變好的可能，而如果這樣的經驗持續累積，就能創造持續上升的幸福水平線。**

■ 你的認知，決定你的幸福

成功，不一定讓你幸福。但是你對成功的認知，你對自我成功的認知，則會決定你的幸福感。

而這就是筆記的意義，還記得我們不斷強調的那筆記三原則嗎？

✓ 為什麼會這樣？
✓ 我是怎麼想的？
✓ 我想要變成怎麼樣？

我們可以用這樣的筆記思考，來創造自己幸福的認知。

為什麼會這樣？	面對現實，了解現實。
我是怎麼想的？	創造對自己有益的對現實的認知。
我想要變成怎麼樣？	對改變有信心、有期待、有行動。

　筆記，是你創造的認知與改變，也可以是自我實現的預言。因為筆記中累積的認知，正是決定了我怎麼面對世界與處理問題的基本。

　接下來，就讓我用各種人生筆記的案例，來分享如何實際的運用筆記改變人生。

4-2 如何養成持續寫日記習慣？

你不一定需要寫日記，因為你應該隨時都要認識自己

　　結束了前一篇的討論，在其結論中，我們看到利用筆記來創造與改變自己的認知，從而實現自我的改變與幸福感的提升。而這樣的自我實現筆記，我們應該直接救回聯想到，那麼是不是要「養成寫日記」的習慣呢？

　　不過，要養成寫日記的習慣，也不是一件那麼容易的事情。知道寫日記的好處，卻沒辦法做到每天有一個固定的時間，有一本固定的筆記本，坐下來開始反省過去一天的功過與事件。

　　其實，可以有變通的方法，不一定要規定自己非得空出時間寫日記不可，但又能收穫寫日記的好處：我們或許無法堅持每天單獨空出時間寫日記，但可以在本來的工作與生活流程中納入寫日記方法。

> **用日記的方式，撰寫你的工作筆記。**

■ 寫日記的價值

首先，我問自己為什麼要寫日記？我的三個「目的」是：

✔ 記得自己做過什麼，以後可以回憶。

✔ 反省自己做過什麼，下次可以改進。

✔ 在心無旁騖的時間深刻認識自己。

而這三個目的，如果也可以在我的「日常工作與生活的進行中」「同時」達成，這樣就不用另外空出時間寫日記。

■ 工作即日記

在「記住自己」與「反省自己」的需求上，我平常作筆記的習慣其實就滿足了寫日記想要達到的需求，我的筆記習慣是這樣的：

✔ 每一個工作或生活任務，我都會以一則新筆記開始。不是寫在行事曆或待辦清單，而是用一則空白新筆記開始。

✔ 在這則任務筆記中，我會開始記錄自己怎麼想、怎麼做，想要變成怎麼樣，把大腦內的構思與認知，逐步記錄到筆記中。

✔ 我會利用這則筆記直接規劃任務執行流程，而不是另外有一個待辦清單，所以筆記本身就記錄了任務過程。

✔ 我會隨時遇到什麼問題、意外時，都在這則任務筆記上做記錄。

✔ 任務完結後，我會在這則任務筆記中加入我的反省，設想下一次可以怎麼做會更好。

因為我的筆記習慣像是上面這樣，所以其實我平常執行任務的構思、歷程與最後的檢討，就會在我的筆記中自然留下記錄，反而不需要特別的時間來寫日記做反省。

而且上面的筆記流程，本來就是「高效率工作流程」應該具備的流程。可以對照參考在第三章中，我所說的讓工作不爆炸的筆記流。

■ 當下日記

更進一步，對於生活的感觸、事件的省思、人生的規劃，或者「我是誰？」「我的價值是什麼？」等等問題，是「隨時隨地發生」在我腦袋裡的，會在任何意想不到的時刻蹦出來。

而我的筆記習慣是「當下就筆記下來」，即使只有片段也沒關係，可以等下一次想到時繼續推進反思。

或許我沒有辦法堅持每天空出時間寫完整的日記，但既然我當下就筆記下來了，好像也就不用另外一個特別的時間去寫下過去一天的想法。

■ 找到日記時間

還可以進一步思考「寫日記」的另一個好處，是我們為自己安排一段「優質時間」，讓自己靜下心來好好反觀自己的作為，深入認識自己。

在這個習慣中，重點不只是反省的內容，而是：

「有這樣一段沈澱的神聖時間」，對自己的成長有莫大的好處，讓自己在快速變動的生活中，可以有效的慢下腳步，看準目標。

關鍵不是要寫什麼，而是我們需要那樣一段心無旁鶩的反觀自我時間。

我其實也很難在工作與生活中空出這樣的時間，如果你跟我一樣覺得自己空不出這樣的時間，但也知道這樣的「日記時間」很重要，那或許可以試試看我的方法。

我的方法是：趁著搭車、等車等任何等待而不能做什麼大工作的「零碎時間」，先不上臉書、先不看郵件，而是打開幾則最近在思考的筆記、最近有難關的任務，然後專心想一想，趁著這樣的零碎空檔，幫這些筆記加上幾個新想法、新反省。

這其實也可以換個方式達到寫日記想要「交換到」的優質時間效果，並且或許很適合忙碌的現代人。

■ 行動中隨時都可以日記

而且，這樣一來，我的日記不是每一天流水帳記錄，也不是每一天反覆的心得日記，而是變成：

> *每一個「我與我的行動」*
> *產生什麼認知的日記，同時關注我自己，*
> *也專注我要採取的行動。*

　　這樣的筆記，達到了我想要的日記效果。所以後來，我就不再強求自己要做到每天空出時間寫單獨的日記，反而是透過下面的筆記方法：

- ✓ 任務與想法都從筆記開始。
- ✓ 想法、步驟、過程都收集在任務筆記。
- ✓ 新的檢討也收集到任務筆記。
- ✓ 利用零碎空檔去重新「創變」筆記內容。

　　一方面行動，一方面也是寫日記，並且達到寫日記的習慣想要達到的目的了。

4-3 不問優缺點的KPT日記法

我們需要的不是反省,而是成長。

你需要看到的不是優缺點,而是下一次怎麼做更好

　　寫日記,重新認識自己,幫助我們持續累積幸福。但問題是,在現實的職場中,你可能會看到某些已經工作十年的人,他只是不斷的重複一樣的工作方式,工作效率並沒有很大的提升,他自己也覺得不快樂。但你也可能看到某些工作兩、三年的人,他的學習速度很快,並且持續在變化,他的工作成果不只好,他自己也快樂。

　　他們可能都會寫日記,甚至都很會寫檢討反省,但關鍵可能在於他們的日記與反省方式不一樣,也就是他們對「世界的認知和思考」不同。

　　前一篇文章,我們討論了如何養成「不用刻意寫日記的寫日記習慣」,這篇文章,我們接續來談一個我覺得更有效的日記方法:「KPT日記法」。

■ 什麼是 KPT 日記法?

　　「KPT方法」其實並非專門針對做筆記的方法,他是一種類似「看板管理」的公司管理方法,日本還出了幾本相關的書籍,所謂的「KPT」是:

- ✓ Keep（保持）
- ✓ Problem（問題）
- ✓ Try（嘗試）

上面這三個關鍵字的縮寫就是 KPT。而日本公司利用這個方法聚焦在生產流程的改進，進行產品的規劃與檢討，目的是提升每一次產品的競爭力。

不過既然「KPT 方法」可以用在公司流程的改進，那麼運用到「個人的改進」上，也無不可，我自己的實驗，就覺得「 KPT 方法」很適合用來寫個人的工作日誌，在作為思考與學習的筆記時也很有幫助。

因為筆記有一個核心的目的是「改進」，而 KPT 正是以「Try」的下一步改進為核心來運轉。

■ 核心精神是「下一次如何更好？」

「KPT 方法」的精神是幫助我們有技巧的「釐清」與「聚焦」下面三個反省關鍵：

Keep（保持）	歸納哪些部分是下一次要繼續維持的。
Problem（問題）	找出哪些部分是這一次還有疑問，下一次需要解決。
Try（嘗試）	提出下一次可以改進的測試行動。

我們一般工作日誌或許只會簡單歸納優缺點，但「KPT 方法」並非是寫出優缺點，而是在思考「讓下一次變得更好」的方法。

日記的關鍵，是「下一次」而非這一次的思考。

所以「KPT 方法」的自我提問都跟「下一次怎麼做會更好」有關，「Keep」就是下一次還可以繼續這樣做的地方（而不是單純的指優點或成功），「Problem」則是這一次發現但下一次想要解答的疑問（也非單純就是指缺點）。

有些缺點可能是現實，可能是不可避免的，這時候要煩惱的就不是這些不可改變的現實。而是要聚焦在「下一次還可以改變」的現實，也就是那些下一次可以解決的問題。

最重要的是全力集中在「Try」上面，所謂的「Try」，就是根據 Keep 與 Problem 的反省結果，提出下一次如果怎麼做「有可能」更好的改進測試！

要注意的是，這並非是構想真正的解決辦法，因為事實上我們通常不知道哪個方法才是最佳解法，唯有「先測試後才知道」。

■ KPT 的操作方式

所以一個有效的 KPT 法，通常會畫成下面這樣的表格，填寫內容的方式大概如下：

另外也要提醒大家的是，「KPT 方法」核心是「流動」，關鍵行動是「Try」的「測試」。

Keep（保持）	Try（嘗試）
電腦玩物主題很專注在數位工作。 Esor 每天早起寫草稿。 Esor 每天晚上整理今日的新思考。	每天晚上先把新資訊清空，讓早上可以有效接收真正的少量新資訊。
Problem（問題）	
應該什麼時間接收新資訊？早上接收好像有點浪費時間？但不接收可能錯過重要即時消息？	整理目前的接收清單，讓有效聚焦在少數優質的資訊來源上。

為什麼是流動的呢？因為這一次的測試，如果發現了某些值得保持（Keep）的方法，那麼就會進入下一次 KPT 反省的 Keep 中。同樣的，如果這次測試發現新的疑惑，就會進入下一次 KPT 的 Problem 中。因此這裡面的內容會是流動的。

■ 為什麼要使用 KPT 法？

「KPT 方法」有幾個地方值得我們借鏡，首先就是他「不問優缺點」的特色，我們在過去的反省中常常陷入討論優缺點的迷失，容易隱惡揚善，或是陷入自我否定，卻忘記其實這一次的優缺點不重要，重要的是下一次怎麼做才會更好，而「 KPT 方法」的反省方式全部聚焦在下一次行動。

> **這一次的優缺點不重要，**
> **重要的是下一次怎麼做才會更好。**

所以「KPT 方法」的筆記方式，可以幫助我們有效的自我理清，快速建立架構，一方面能累積能力中值得保持的部分，一方面又能聚焦在改進能力上。

如果用 KPT 法來寫日記，我覺得對工作反省、個人反省也是會有幫助的，因為這樣的反省日記更可以幫助我們「累積自信」並「自我成長」。

自信不是來自於相信自己很好，因為你很快就會發現還有更多比自己更好的人，這種虛假的自信就會毀滅。

真正的自信，來自於「相信自己可以改變」。

小改變也沒關係，愈常實現這種改變的人，就會愈相信，於是就擁有了很難被毀滅的自信。而 KPT 日記法正是聚焦在這些小改變上。

■ KPT 法的應用

上面是 KPT 的基本方法，我們當然可以自由調整裡面的一些細節，應用在不同工作或生活需求中，下面我就來做一些舉例。

開會時，你可以在白板上畫出 KPT 的表格，然後針對三個方向討論。這個表格對於會議的鳥瞰和歸納很有幫助。

用 KPT 討論會議	
Keep	我們應該維持的競爭力
Problem	我們目前的問題點
Try	我們下次要嘗試的改變點

我們可以嘗試用 KPT 法，當作公司裡團隊成員回報工作日誌的「格式」，如果以每日工作回報來看，可以這樣做。這個格式幫助主管可以有效評估每個員工的生產力，也同時知道每個員工是否有真正在思考自己的工作。相對的，這個格式也幫助員工在寫自己工作回報時少一些隱惡揚善，多一些真正對工作改進的探索。

工作總結報告

Keep	今日執行的任務
Problem	任務中未解決的問題
Try	之後要嘗試解決問題的方案

而我很推薦大家可以試試看用 KPT 方法來寫日記，或是寫自己的工作反省。

個人反省日記

Keep	覺得自己應該繼續維持的習慣
Problem	反省可能有問題的某些習慣與步驟
Try	思考如何解決問題的具體方法，並下一次實際測試看看

其實我們也不一定侷限現在方法上，如果靈活運用 KPT 法，那麼做為學習研究時的筆記方法也很有幫助。

學習研究	
Keep	Try 確認過的，進入 Keep
Problem	Try 後有疑問但未解決的，進入 Problem
Try	把任何想要測試看看的步驟都寫出來。
	繼續思考就算是既有方法還有沒有可以改善的？
	繼續測試來解決那些未解決的問題？

所以說 KPT 法是一個流動的筆記法，他不是分析出固定不變的優缺點，而是在不斷測試中，去找出更好還要更好的做法。

這才是寫筆記、寫日記的目的。

4-4 正確高效率的犯錯

犯錯不是問題，有意識地犯錯，反而增加改變的可能性

人不可能不犯錯，甚至很多時候我們會因會犯錯而「發現」。所以我們應該學習的不是完全不做錯，而是「正確且高效率的犯錯」，利用筆記去擬定人生的「犯錯計劃」。

我記得有一次，趁著小孩下午玩累了，睡得正熟，晚上想要好好重拾廚藝，便下廚準備煮蛤蜊義大利麵，其實是很簡單的料理，但我還是想說來看看自己之前的料理筆記，會不會不小心漏了什麼呢？

結果一看之下，發現之前自己在筆記裡，註記了一條小秘方。在我之前多次嘗試下，發現在煮好蛤蜊湯汁後加入奶油，可以讓整體風味升級。但我自己其實忘了有這個小步驟。

這是筆記有趣之處，不是要記錄那些就算忘記，上網也找得到的重點。**而是記錄自己的發現、自己的探索、自己的小訣竅，或是自己的小錯誤，然後讓自己再次利用，不再遺忘，因為遺忘了可能就找不回來。**

之前看到一篇新聞：日本桌球新星平野美宇，她的外號是「筆記本美少女」，曾在 2017 年亞洲桌球錦標賽女子單打，連續擊敗中國名將，奪下第一名。有趣的是，平野美宇打球有個習慣，在比賽中休息

或暫停時，會翻閱筆記本，因為上面記錄了對手的技術特點，她說：「我害怕比賽時會記不起對手的弱點，因此每打完一局，我都會看看筆記本提醒自己。」

這讓我想到自己平常做事情也都是有這個習慣，每次工作上要做一個任務，我習慣先找筆記來看看之前怎麼做？有沒有註記什麼重點？每次要做料理，我一定要再看一次筆記以免漏掉什麼關鍵步驟。你也會有這個凡事要看筆記的習慣嗎？

前一篇文章，我們提到 KPT 的筆記，幫助我們關注下一次如何做會更好的行動。但除此之外，我們也要記住「避免重複犯同樣的錯」，甚至勇敢的去犯錯，如何利用「實驗筆記」的技巧，幫助自己「正確且高效率的犯錯」。

■ 犯錯有時是更快的學習方法

犯錯？是的，你沒看錯，沒有犯錯通常無法找到更好的方法，但也不是說拼命犯錯的人就一定會不斷進步，這裡面的兩個關鍵在於：

✓ 是否學會正確的去犯錯？

✓ 是否能高效率的避免重複犯錯？

在很多技能與知識的學習上（要特別說明，本文不涉及「道德犯錯」），要勇於挑戰「第一次的錯誤」，**因為在犯錯的風險裡，會隱藏著你還不知道的更好的可能性**，如果都不去挑戰風險，想要永遠不犯錯，反而會進步得比別人更慢。

還記得我在第二章提到的學習筆記整理方法時，講到要先體驗、再學習，才能真正學會。

> **而且有時候犯個錯誤，會讓我們「更深刻體驗到」某種原理原則的存在，這時候才會「真正學會」。**

所以有些老師在教學生時，先讓學生做，然後等學生犯錯後，才說明原因，這時候學生的認識反而會更全面（因為同時體驗了正反面）。

但相對的，也要學習控制「重複犯錯」的迴圈，讓自己不要每次都在彌補同樣的錯誤上浪費時間。

■ 工作與生活裡，做犯錯實驗筆記

所以，如何「正確且高效率」的犯錯呢？或許可以學學我們在科學實驗課程裡做實驗筆記的方法。所謂的科學實驗，不就是在不斷挑戰可能性，又在犯錯中不斷修正，最終找出更好的解答的過程嗎？

> **我自己做筆記的方法，某個程度很像是在做科學實驗，即使我筆記的可能只是自己的生活或工作的經驗。**

但是真實生活與工作的經驗更應該「勇於實驗」，因為這時候沒有老師跟你說標準答案，也可能沒有標準答案，你必須自己去找出各種解答。於是我會這麼做筆記：

實驗	在生活或工作上採取某些行動，並在筆記中記錄這些行動。
觀察	尤其紀錄每一個步驟與環節產生的現象。
解說	在筆記中嘗試解釋每個現象背後的原因。
預測	從原因去推測其他可能性。
再實驗與觀察	進一步實驗我假設的可能性，驗證這些可能性。
如果犯錯	推翻可能性，重新解說與預測。
如果證明	那我就得到更好的可能性。

■ 下一次我想挑戰什麼可能性？

之前我在學做料理的過程中，老婆都喜歡笑我：「你真的很不乖，都不照食譜做。」但我並非是喜歡天馬行空的亂做，而是有些東西如果我沒有實際驗證一下，我心中都會懷疑：

> **「真的是這樣嗎？」**
> **「有沒有更好的可能性存在？」**

所以在做料理時，我常常喜歡異想天開的試試看：如果這個湯加入醬油會怎麼樣？加多加少有什麼變化？什麼調味可以中和？在做冰滴咖啡時應該先放室溫還是先放冰箱？

網路上當然會有一些解答，但我還喜歡自己動手實驗，嘗試犯錯，看看能不能推翻原本說法，看看是否還有其他可能性。

而且我會把所有想到的「可能性」，都筆記下來，然後我會真的下一次就去做做看。

■ 這一次我學會什麼錯誤經驗？

不過，這不是說我們就拼命犯錯沒關係。我們也常常在重複犯一樣的小錯誤上浪費太多時間。

例如一個真實的例子發生在我身上，我們家附近有間小吃店，他的餐點大多很好吃，唯獨他的鮮蚵湯加了很多酸菜讓我很不喜歡，但有一次我太久沒去點菜，「忘了有這個小錯誤」，於是又點了鮮蚵湯。回家打開一看才後悔。

如果這樣的例子是出現在工作或學習上呢？

如果我們執行工作時犯過的小錯誤，因為忘記又一犯再犯呢？所以我會把自己執行各種工作的流程步驟都筆記下來，把經驗寫成「科學實驗步驟」，這樣下一次我才能準確依照他的執行，並且避開已經踩過的陷阱。

■ 擬定一個有效的實驗計畫

人不可能不犯錯，甚至很多時候我們會因犯錯而「發現」。

所以我們應該學習的不是完全不做錯，而是「正確且高效率的犯錯」，也就是把實驗的精神帶入工作與生活，利用筆記去擬定人生的「犯錯計劃」，或者說擬定有效的實驗計畫。

沒有科學實驗精神無法找出關鍵點，沒有犯錯精神無法發現新天地，但是科學方法一定會控制變因，這樣才能持續進步與找出關鍵，而我們可以利用有效的「實驗筆記法」，來滿足這樣的需求。

4-5 更快進入狀態的瑣事清單

跳過無趣、焦慮的瑣事步驟，
幫你快速進入有趣的工作核心

　　如何節省做瑣事的時間？如何降低瑣事的焦慮？以及更重要的，如何更快進入決定性的重要工作步驟？而不要在周邊問題上繞圈圈。這些問題的解決關鍵，其實都在一個很簡單的瑣事清單筆記習慣上。

　　老婆是業務工作，她有一個工作習慣，就是每次完成訂單時，會在訂單筆記加上「下一次可能要增改哪幾個步驟」的下一次行動清單。

　　老婆與我都有一個凡事先列清單再說的習慣，例如我們列了一份帶小孩外出要準備的物品清單，並且根據每次經驗增改，讓這份清單愈來愈有用，而我們會在外出前打開清單來收拾物品。

　　不過有一次，我們出門前覺得很有自信，想說就根據大腦印象來收拾東西就好。結果，雖然重要物品都記得帶，卻忘了「有準備會更方便的」口水巾和尿布墊。那次經驗我們都覺得，一份「瑣事清單」，隨著經驗累積與增改，可以真的有效地幫助自己把事情完成得更好，只要我們記得去參考他。

為某件瑣事，準備一份隨時參考的行動清單

- ☑ 尿布：3+5（兩天一夜：17 片）
- ☑ 尿布墊
- ☑ 濕紙巾
- ☑ 奶粉 X2 餐（兩天一夜）
- ☑ 奶瓶 X1 + 冷水
- ☑ 熱水
- ☑ 熱水罐
- ☑ 口水巾（N 條）
- ☑ 安撫奶嘴 X2
- ☑ 安撫巾
- ☐ 奶嘴鏈
- ☑ 乾淨衣服 3-5
- ☐ 安全座椅
- ☑ 病毒崩
- ☑ 塑膠袋（裝用過尿布）
- ☐ 包巾（車上用）（一天一條）
- ☐ 哺乳巾
- ☐ 米爾頓 奶嘴消毒球
- ☐ 髒衣袋
- ☐ 小牛津
- ☐ 防蚊貼片

■ 降低焦慮的筆記清單

當然，並不是說我們什麼事情都不記住，也不是什麼事都只想依靠一份清單來執行就好，確實有些重要的事情值得養成習慣，或是變成我們的直覺。

但是，很多「瑣事」如果也依靠直覺，卻可能在重複做錯、額外爭吵，與不必要的焦慮上花費時間。

所以幫自己準備好「瑣事清單」，並且根據「清單」來完成瑣事，是想要：

> **幫自己在次要事情上減少時間浪費、降低大腦壓力，並且讓自己更專心在重要的事情上。**

就像前面我和老婆的那份「孩子外出準備清單」為例，他的實際運用流程是這樣的：

1. 外出前幾天完全不擔心準備工作，因為有份清單可以參考。

2. 準備外出行李時可以準確根據清單準備，不需浪費額外思考、清點時間。

3. 外出前可以有更多心力，專注在照顧孩子的需求上。

4. 外出前也可以更開心在規劃行程等更重要的事情上。

5. 如果出遊時真的發現有新的應該準備的東西，就寫入清單中，繼續累積好經驗。

6. 不焦慮下次出遊時會不會有遺漏，因為有一份「上次經驗以來最好的清單」可以參考。

一份「持續累積的好經驗清單」，確實在節省瑣事時間、降低瑣事焦慮，並且讓我們更專注在重要事情上，會很有幫助。

■ 跳到決定性步驟的筆記清單

我自己工作上，也常常利用這樣的「瑣事清單」，來快速解決瑣碎但必要的環節，讓我：

- ✔ 更快進入決定性重要步驟。
- ✔ 更快投入高效率工作狀態。

例如我有一份「寫文章架構清單」，在這個架構清單裡，我列舉了寫一篇文章要做的每一個瑣碎步驟，像是研究關鍵字、設計開場、提出要解決的問題、用案例說明，以及解析方法。

這份清單有什麼效果呢？當我每次要開始寫一個新題目，還茫無頭緒時，我就打開這份清單，先照著這個架構，把基本內容列舉出來、填寫進去。這就是「快速解決瑣碎但必要的環節」。

接著我就能有更多時間進入「決定性關鍵內容」的寫作上，例如怎麼把故事寫的更有趣，或是把方法解釋得更有說服力。

而這也幫助我不會在寫文章的「周邊問題」上浪費時間，更快進入核心問題，通常我也會更有動力解決這個問題。很多時候我們就是卡在周邊問題，結果一步都跨不出去，遲遲無法進入難度最高，但可能也是最有趣的核心工作狀態，當然工作也就一再拖延，因為瑣事太無趣了！

> **瑣事清單，幫我們快速跳過瑣事，進入最有趣的決定性工作。**

而「好經驗清單」的製作沒有什麼特別的技巧，唯一的技巧就是「要記下來」，並且「下次記得使用」，持續的累積自己完成不同事情的必要步驟，為這些事情累積清單，來快速解決那些瑣事：

與其說這是一種筆記技術，不如說是一種筆記習慣。

而這種習慣可以幫助我們減少做事時間、降低瑣事焦慮，而更棒的是更快投入到有價值的工作中心。

4-6 建立你的技能學習系統

比起整理學習筆記，關鍵是發展可以利用的技能系統

　　所謂學習筆記，可以是學習一個知識、學習一種技能、學習一項興趣，例如聽一系列演講、學習繪畫、學習寫程式，積極主動的學習不僅帶來成長的結果，也會帶來體驗的快樂。我在本書第二章的最後，有舉了一些學習筆記的應用方法，有興趣的朋友可以回頭去閱讀。

　　但接下來這篇文章，主要講的不是為了某次考試的學習，而是大人的學習，是出社會後我們依然需要的，真正為了自己的學習，或者說，為了讓自己成長，幫自己增加技能的筆記。

　　這時候好的學習筆記方法可以幫助我們「建立可被利用的個人知識與技能系統」，幫助我們收集學習素材、轉化成學習行動，能夠反省學習經驗，也能在未來反覆利用已經學習的成果，也就是要包含：

- ✔ 收集
- ✔ 行動
- ✔ 反省
- ✔ 利用

這四個學習筆記的必要階段，很多時候我們的學習筆記只停留在第一階段，這就導致學習效果不彰，進而失去樂趣，更無法為未來做準備。

那麼，一個個人技能系統如何養成呢？

■ 收集

▌有了念頭就收集起來，可以增加學習的可能性。

在這個資訊接觸非常快速的網路世界中，能夠引起我們學習興趣的東西很多，雖然大多數我都不會真的去學習，但我還是會在有一個念頭時，把這樣的念頭存進筆記。

在筆記留下一個註解，以後因緣際會就會有啟動學習的可能性，但如果都不寫下來，則連可能性都沒有，永遠也無法實現。

而當開始一個學習計畫後，我就會把接下來從網路上、書上、電視上、生活中學到的新資料收集累積下來，寫進我的筆記本中。

▌有筆記本的地方，就可以開始學習。

以我的料理學習筆記來說，我會隨時隨地把所見所聞跟料理有關的資料統一收集到我的學習筆記本，這裡的「隨時隨地」是非常重要的。

當我們真的用心在學習一件事物，那麼應該生活中隨處都會引發新

的靈感。例如看到電視上一個美食節目的料理做法？看到一本書上的食譜？瀏覽到臉書上的某一則朋友菜單分享？在超市看到感興趣的食材？忽然很想吃某道菜？這時候，我都會把這些小想法、小資訊都收集到我的食譜筆記進一步研究。

學習不是坐在書桌前、不需要某一個特定時間才能學習，只有當生活中隨處都能激發我們學習靈感時，這樣的學習最快最有效果。

尤其對於在工作與家庭之外其實也沒有什麼完整時間的大人們來說，這樣的學習方式，讓我們「利用零碎時間」隨時都能在學習，就沒有藉口沒時間去學會某件事情了。

從電視節目上看到的方法速記

醬汁：
- 橄欖油
- 蒜頭
- 辣椒
- 檸檬汁
- 義大利香料
- 一點鹽巴

煎魚：
- 先灑鹽巴與胡椒調味
- 先從魚皮那一面開始

烤麵包：
- 在麵包上塗番茄

■ 行動

不只是把初步研究成果收集起來，更要整合出第一次行動。

但如果只是收集，永遠無法開始真正的學習。

要把「紙上談兵」變成真正的練兵，也就是在筆記中收集整理到一個階段後，我們就要開始展開行動。這時候我會利用之前第一章提到的「三層筆記」方法，在原本資料學習筆記的上方加上「行動欄位」，也就是針對這個主題的學習我要採取甚麼行動。

以食譜筆記來說，我會在剪貼研究別人分享的食譜作法後，在筆記最上方的「行動」欄位整理出我自己第一次想要嘗試的料理步驟、料理食材。

第一次的學習行動通常是來自於別人經驗的整理與拼貼，我整合多個人提到可能有效的步驟，參考他人意見整理出自己覺得可能是比較好的做法，然後列出自己真的要實際嘗試的第一次步驟清單。

實際嘗試，用自己的心得把筆記變成自己的筆記。

凡事都有第一次，我也可以乾脆自己從零開始實驗，但是我的學習個性比較喜歡綜合他人經驗，然後才去找出自己的道路。

所以第一次我先整合別人的料理經驗，然後自己嘗試看看，通常在第一次的實作中，一些光看圖片文字還不太能了解的細節就能產生「原來如此」的真實印象，所以實作是很重要的。

而且更重要的是，在第一次實作後，就會發現一些問題，可能是不適合自己的方法（家裡沒有這個器具）、可能是自己不喜歡的味道，或者可能我會開始發揮想法，想說如果「換個方式」會怎麼樣？於是這就開始了真正屬於自己的筆記。

　　我會把接下來第二次、第三次的實作經驗，也都修改到同一則筆記中，於是這份原本是整合他人經驗的學習筆記，就會慢慢變成專屬於我自己獨門方法與知識的學習筆記。

列出實際行動的筆記

> ## 煎牛排步驟
>
> 熟成：
> - ☑ 牛排放在冷藏，打開保鮮膜，做濕式熟成過程：肉汁似乎比較會封在肉裡（但好像少了一些肉味？）
> - ☑ 另外一種比較安全衛生的熟成方法：從冰箱拿出來後，不要開封，在室溫下放個一到兩個小時
>
> 調味：
> - ☑ 黑胡椒建議先不要放，因為大火煎牛排的時候黑胡椒容易焦掉
> - ☑ 鹽可以灑多一點，在煎之前用鹽醃著半小時，似乎肉有更好吃
> - ☑ 下次試試看，鹽早一點灑，放個一小時或幾小時（可放冰箱），看看會不會讓肉變軟（會，這樣更好吃 [x] 但是下次鹽可以放少一點）

■ 反省

▍*記下學習的過程，嘗試改進的行動。*

　　筆記可以記錄下準備要做的事情，例如記下準備要學什麼的資料。筆記也可以記錄下已經做過的事情，但不只是記錄做過什麼，更要記錄我是怎麼想的？我下一次想要怎麼改進？

　　因為不記下來，很多細節以後都很容易忘掉，這些細節如果沒有反覆做，那學習就無效了，所以我會盡可能把每一個學習步驟都寫下來，這樣以後才能參考，也有反省改進的機會。

　　通常我會記下兩件學習過程裡最重要的事情。

　　第一件是檢視這一次試做料理的步驟後，我會額外加上「下一次想要怎麼改進或變化」的待辦清單，例如義大利麵是先乾炒好？還是一開始就要加麵水煮？我會記下下一次想嘗試的不同做法。

　　然後我在每一次學習時，一定打開上一次的學習筆記，就會看到想要改進的步驟，這樣我就能每一次都有所進步或有新的實驗心得。

▍*反覆驗證練習，記下最好的成果。*

　　第二件重要的事情則是把學習過程中發現的「最好成果」寫下來。

　　在我的食譜筆記中，最好的成果可能是不小心發現某一種特別適合這道料理的食材（還有他的購買地點或品牌），也可能是反覆實驗後自己最喜歡的一個料理步驟，還是某一個程序的火候的拿捏。這些我都會寫到我的學習筆記中。

而且在我還是這道料理的新手階段，每一次要做這道料理時，我一定會打開這則筆記複習一遍上次學到的最好流程，然後從這個最好流程出發去學習，把最好的流程在反覆地看筆記練習中變成「習慣」。

變成「習慣」後，就是學習的第一個高峰，以後也就不需要每次都打開學習筆記，但如果沒有之前這個反覆查看驗證的過程，學習就很難變成更好的習慣。

而且，習慣也是會忘記與生疏的，所以這份學習筆記未來也一定會在我們漸漸遺忘某種技能時，及時提醒我們找回當初學習的「最佳」經驗，讓自己無論多久之後再次做這件事，依然可以依據學習筆記做到一個滿意的成果。

■ 利用

而當學習筆記變成技能系統，並且全部的學習經驗都儲存在自己的資料庫中，我就可以很方便地在以後隨時取用我的技能。

例如當有朋友要來家裡作客，我會打開自己的這個料理技能系統，挑選幾道學習最成功的菜色來建立這次宴客的菜單。

當我們每週要去採買食材時，我也會從這個技能系統裡尋找之前嘗試過覺得很棒的食材（並且回想起他們在哪裡買？是什麼品牌？口味如何？），激發這個禮拜要買什麼菜？做什麼菜？的靈感。

而當我久久沒做某一道菜時，下一次想吃，我也會打開這道料理的技能學習筆記，重溫一下，馬上就能再次上手，因為上面有我最真實最詳細的經驗記錄。

透過這樣的學習筆記，在過去這一年間，我從完全不會做菜，慢慢變成家裡另外一個大廚，在週末時還可以跟我老婆互相分配菜色來做出一桌料理，而我相信這樣的學習方法，對於學習其他的知識或技能同樣有效。

4-7 讓大腦更快樂的筆記

大腦很容易受影響，那麼乾脆影響他，

用筆記讓大腦更快樂

　　我很喜歡一部金凱瑞和凱特溫斯蕾主演的電影，台灣翻譯為：「王牌冤家」。這是一部非常神奇的愛情喜劇，電影中男主角跟女主角吵架要分手，他的腦袋中都是和女主角不愉快的回憶，於是他找到一個醫生，幫他去除跟女主角的記憶。

　　但是這個記憶清除手術很神奇，當你的記憶一邊清除時，你其實一邊在倒帶看你的人生，他會從最近的記憶開始，然後讓你往前回推，逐步看到更早之前的記憶，直到所有指定的記憶清除為止。

　　於是男主角在清除記憶的過程中，先看到了最近和女主角不愉快的回憶，一邊看，一邊忘記，他覺得很開心，終於可以擺脫這些不好的記憶了。

　　但是，漸漸的，在回憶起更早之前和女主角的記憶時，看到那些美好的紀念日、初戀的回憶、初次相遇的場景，他想起了那些快樂記憶，他忽然覺得不想放棄了，他覺得最近的吵架也還有挽救的餘地。

　　我們當下覺得挫折，或許只是忘記曾經有過美好，而這些美好不一定已經消逝，如果我們懂得用筆記把這些美好留下來，其實也可以影響我們的大腦，就像這一章節第一篇文章談的幸福水平，讓我們保持更多正向的動力。

筆記，不是只有效率，不是只有利用，也有樂趣，也有品味。在筆記裡看到有忙碌、有休閒的人生才得以完滿。而且筆記本裡那些歡樂的記憶、快樂的滿足，確實會是參雜在焦頭爛額任務筆記中很有效的調劑，不知道大家是否也會在筆記本中寫下「讓自己開心的筆記」呢？

■ 記錄那些美好時光

雖然現在大多數朋友可能也都習慣在特別前往一個餐廳、一個景點時拿出手機拍照作記錄，但我自己還有一個習慣就是如果這次餐廳裡吃到滿意的大餐，我還會特別建立一則筆記，寫下自己喜歡這間餐廳的心情。

這樣做的原因有兩個，一個是有時候我跟老婆不知道週末應該去吃什麼餐廳時，我們會打開這些筆記，找一間之前吃過而且有美好回憶的餐廳再去體驗一次。另外一個原因則是當心情低落時，打開這些美好經驗的筆記，讓自己回味一下那些美好的時光，也是幫自己打打氣的好方法。

■ 記錄那些心情，即使挫折也將因此美好

寫日記讓自己開心的途徑有兩種。

第一種是我會在任何時候萌生對生活或工作的反省時，就立刻寫下日記，這時候無論是對自己的責備，或是一吐怨氣，但我發現只要試著把當下心情寫下來，並且加上一些想法的推演分析，那麼可以很有效的紓解那鬱悶的心情。

寫日記讓自己開心的第二種途徑，則是當雨過天晴回頭看看自己這段時間的日記心得，除了反省下一次更好的做法，也慶幸自己可以走過那麼多個挫折與低潮，任何事情總會過去，但過去之後，如果能回

頭檢視過往之路的艱難，倒也不是說一定可以獲得成長，而是說可以讓自己獲得下一次「更有勇氣」的信心，知道並記住自己可以走過這一段艱辛的路程，時常提醒我確實做得到，最後這點反而是更重要的。

而這就是我在這章節一開始所說的，提升幸福水平的方法。

> **只要這次有勇氣去失敗，**
> **下一次就會更有勇氣去成功。**

■ 待辦清單裡不要只有工作

我也喜歡把自己想做的事情、小小的願望寫進筆記中。我認為待辦清單裡不要只有工作任務，也應該要有那些自私一點的，屬於滿足自己興趣的任務。

> **實踐興趣，才會快樂。**

我把生活中真正想學習的東西，像是沖泡咖啡、食譜料理都任務化（就像前一篇的技能學習筆記），也就是變成一個有待辦清單、有進度有反省的筆記，這時候可以獲得幾個好處。

第一大好處是我的時間排程裡「有了生活的位置」，不再只有工作，把人生的主導權拿回自己手上。你把生活裡的興趣也變成任務，也就意味著工作與生活更加平衡。

第二大好處是我的興趣真正被實踐，不再只是口頭說說，而且就算

半途放棄，那些曾經累積的興趣學習都在筆記裡，我可以隨時回頭再次開始。

第三個好處，則是實踐興趣的成就感很驚人，我會在自己的咖啡筆記裡反覆研究，怎麼研磨與沖泡最好，在自己的料理筆記裡，把曾經錯誤的步驟封存，換上自己研究最新最好的食譜。而當有一天朋友來家裡，拿出筆記秀一手沖泡咖啡或料理的絕活，總是讓朋友驚艷。

■ 少紀錄，多觀察

我們常常被問說：你的休閒娛樂是什麼？絕大多數人的回答無非都包含著看電影、讀書這樣的興趣，這也可以說是最容易達成的興趣，但是比起用這些興趣只是拿來打發時間，如果我們可以透過看看電影、讀讀書而觀察這個世界更多不同的面貌，思考反省更多的意義，那麼即使是這些平凡無奇的興趣，也能累積出神奇的東西。

就跟做筆記一樣，比起記錄，其實「我的觀察」更重要，不一定要為了工作而做筆記，如果是為了觀察世界而做筆記，這可能會獲得更多的快樂。所謂的觀察很簡單，就是不只是如實的看，還要多加上一條我怎麼想？

> **多想想，其實我們的心胸就會開闊，**
> **思考就會靈活。**

把看到的電影與書，寫下自己觀察的心得，也真正讓這些東西的靈魂與自己連結，這才是真正的擁有。

更進一步的，這些觀察的心得如果累積得夠多，那麼有一天當我回

到筆記搜尋時，我常常會找到一些自己已經忘記的意想不到結果，那些我當年讀一本書、看一部電影而引發的想法，或許都會成為現在的我的各種靈感。這又達到了過去的我與現在的我的連結，讓人生更完整，對生命的幸福感也提升了。

如果你的筆記本裡，也有更大的比例是這些讓人開心的筆記，那麼我想每次當你打開筆記準備開始工作時，會擁有更好的心情，當你遇到挫折時，你也知道這裡就是你心靈的避風港。

4-8 筆記不重要的事

事實上你無法準確判斷重要性，但你可以把任何事情變得重要

　　這樣一本教你怎麼做筆記的書，講到這裡，可能讀者心中開始有一種印象，筆記很重要，所以我要盡量筆記重要的事，事實上，不一定如此。

　　當然，筆記的目的是要讓自己完成重要的事。不過：

> ### 所謂的「重要」並非來自於自己的判斷，而是來自於你的行動。

　　做筆記，我們通常會先去想，有哪些重要的事情可以記錄到筆記裡。可能是下次考試會考到的重點解答？可能是參加研習時聽到的重要資料？可能是工作上老闆交代的重要任務？可能是開會時客戶提出的要求？

　　當然，這些都值得寫到筆記中。但是如果寫筆記的目的都這麼功利，寫出來的筆記都只是有用，那麼你的筆記本很有可能是個有條不紊的知識庫、資料庫，但卻無法成為一個激發自己成長、讓自己感動的好朋友。

之前和同事聊天，同事提出一個好點子，我們聊得天花亂墜，我忽然覺得哪裡怪怪的，便開口問他：「你怎麼不趕快記下來？」同事說：「這只是隨便想想的，又還沒有真正成形。」我心中覺得，這真是好可惜，我們似乎沒有發現：「筆記一件不重要的事情，也是非常重要的。」

因為「筆記」不只是一種鏡像的複製，筆記本身也可以是「思考的一環」、是「行動的第一步」。

那些已經很重要的事情用筆記記錄，只不過是錦上添花，只不過是資料整理。但是那些看似不重要的事情，透過筆記產生意義，並且創造出專屬於你的重要，才是筆記帶給我們人生的最大動力。

■ 寫下念頭：有些事現在不做，以後真的還有機會

常常跟朋友聊天時，如果臨時看到咖啡館的雜誌而扯到好想去北海道旅行，當然我們都知道現在不會馬上出發，我們都不是衝動的人，但光是「想像」也會覺得很開心，這種閒聊正是與人交往最好的調劑。

可是，雖然知道那是不重要的瞎聊，但心中因此而覺得有一種夢想的心情是真實的，所以我會把這個念頭寫進筆記裡：「想去北海道」。

有些事情現在無法衝動馬上做，確實以後就會被遺忘。但是如果這個「想去北海道」的不重要念頭留在筆記上，讓自己反覆看到，那麼這個小小的熱情火苗不會熄滅，甚至可以在筆記裡慢慢澆灌培養，或許有一天這個念頭就會長大成具體可行的行動。

這裡可以搭配我在第一章提到的「筆記是自我實現的預言嗎？」或許一句話的筆記不會產生效應，但因為這一句話，有可能後續發展出一個完整的 DRAW 計畫，那麼實現的機率就大幅提高了。

■ 寫下那些想要擁有的經驗，保留增廣見聞的機會

想要去一間餐廳吃飯，想要讀一本書，想要找出一部電影來看。當在網路上無聊瀏覽時，我總會被偶然看到的一篇影評、書評而感動到，當下就有一種：「好想找出這部經典名片來看看」的衝動。

但是生活中有太多忙碌的「正事」，這些額外產生的小小觸動，似乎無法排入正常的工作流程中，我們很難為了找一部電影來看，而把這個動作「排入工作時程」。

不過，起碼可以把這個小小的、不重要的觸動寫下來。我會把偶然在網路上看到評論而當下很想看的電影、書籍都筆記下來，但也不強迫自己什麼時候看，而是或許以後有一天週末無聊時，這些當初寫下來「想要擁有的經驗」，就是週末最好的調劑。

有所觸動是很難得的，不要放棄這些可以讓自己增廣見聞、補充美好經驗的可能性。

■ 寫下臨時的、想到一半的點子，期待他長大

我每天都在基隆台北通勤上下班，搭公車往返高速公路的這段時間，看在別人眼裡可能是浪費，但對我來說卻是我腦袋動得最快的時間之一，看著窗外飛逝的景物、聽著車上可能隨時發生的對談，腦袋就會跟著很快的運轉起來，很多莫名其妙的點子就會這樣跑出來。

當然，這裡面絕大多數點子想到更透徹後，都被證明不可行，但更有趣的是，很有可能在一兩年後，我發現之前想過的某個點子，現在可以加入最近的某個點子再想一次。

那些臨時想到的點子的開頭，即使只有開頭，也還是都寫下來，或許哪一天某兩個點子會產生一次火花般的碰撞，誰知道呢？但只有先寫下來，才有這個媒合的機會。

■ 那些我現在還無法回答的問題，記下來給未來的自己

生活中我常常遇到很多問題，有時候是思想上的，例如之前許多社會議題，有時候是切身的，例如某個時間管理方法應該如何調整的問題。大多數問題其實我當下都不一定能夠真正很好的回答。

以前我會思考一下，撞牆了，就放棄。但現在我會把這個問題筆記下來，把我那目前可以做到的半生不熟的回答也寫下來。

等待有一天我成長，我還有機會再次回頭思考這些大人生、小人生裡的問題。

■ 雖然是還不成熟的論述，也要練習講給自己聽

如果從我一開始寫「電腦玩物」就關注我到現在，應該會發現，十年前的電腦玩物通常只是介紹一些新鮮小軟體，但是後來的電腦玩物開始談論工作方法、時間管理、數位雲端概念等等問題，這對我來說，無疑是踏入全新的領域。

而我的學習方法就是把很多當下不成熟的想法寫下來，放在筆記裡，偶爾想到就回頭再醞釀一下、再修改一下，慢慢凝聚成一個一個可以發表的想法。

在筆記本裡不要害怕寫入自己草率的、粗糙的、淺薄的論述和想法，因為任何精彩的思想都要經過這樣一個磨練的過程，而私人的筆記本，就是一個不用害怕害羞，最好的自我表達的磨練場。

■ 我的抱怨，先假裝說給筆記聽

很多朋友會說我的脾氣看起來很好，甚至有些朋友會很「期待」看到我生氣。但是我也不是那麼平心氣和完全沒有抱怨的人，而是我有一個好朋友總是能夠先聽我抱怨一遍，而等到我真的抱怨一遍後，那些外部的「氣」就被卸下來許多，剩下更多中間的「理」。

這位傾聽我怨氣怒氣的好朋友，就是我的筆記。

怒氣、怨氣、煩惱氣一定都要發洩，不發洩就無法繼續向前。但在直接寫到社群網站「分享」，或是寫到即時通「溝通」前，我會先寫到筆記本裡，把這些其實於事無補的「不重要的氣」留在筆記，把過濾後真正重要的「理」傳達出去。

■ 想不出來要寫什麼的文章，先到筆記裡解放想像

有時候要寫一些東西，但怎麼樣都寫不出來。要寫一篇文章但遲遲無法動筆，要寫一封信但不知道如何開口，要做一篇企劃但不知道如何起頭，這時候，就把這些「未成氣候」的草稿內容全部在筆記裡盡情抒發。

因為是寫到筆記這樣「不重要」的場所，所以心態上就放鬆了，寫文章不再管文法通順、寫信件不再字斟句酌、寫企劃不再害怕失敗，反而是這樣，才可以把所有想法先寫下來。

先寫下來，就會發現裡面有些東西可以用，於是文章、信件、企劃，便可以開始進行。

■ 寫下鼓勵自己的好句子

生活中不遭遇挫折是不可能的，所以我們總會需要一些鼓勵、一些安慰，這些鼓勵和安慰或許不可能真的幫我們解決難關，但起碼可以讓我們心情好過。

我也會這樣把一些會鼓勵到我的句子寫進筆記裡，讓自己可以反覆看到，雖然這不是考試的解答或任務的完成，但可以提醒我要好好面對。

■ 寫下生活中發生的好事，讓筆記不沈重

如果筆記裡都是未完成的任務、都是重要的待辦事項、都是緊急的資料，那這樣的筆記本一定很沈重，甚至還自己都不想打開來看。

我會把生活中發生的一些美好的事情，和那些生活工作上緊急的事情放在一起，看似混亂，但卻是最好的融合，代表著生活裡有好事，也有總會變成好事的壞事。那些生活裡的美好記憶存放在筆記中，就是讓筆記的執行更有動力的調劑。

■ 那些感動我的想法的東西，累積自己的創意箱

創意常常產生在跨領域的激盪時，當你用人文的角度去思考科學，或許你就能創造出有趣的科普故事。

工作、生活上也是一樣，很多難題的解法常常不是在鑽牛角尖上，而是需要一些看似不相干的領域的刺激。所以，我平常會在筆記中保留這些看似不重要、可能不相干的刺激。

我的筆記本裡有一個「創意箱」，裡面可能有影評、可能有藝術賞析、可能有科學論證、可能有一篇故事，但他們總會在意想不到的時候，對我和數位應用有關的工作產生一些正向的激盪。而前提就是，我把這些不重要的感動，有寫進我的筆記本中。

　　你也會在你的筆記本裡，記錄一些「看似不重要」，但實際上會讓人生更有動力的筆記嗎？我推薦你可以為這些「不重要的事」，準備一本和工作不一樣的筆記本，然後好好筆記他們，等待他們有一天真正回頭改變你自己。

4-9 練習轉換心情筆記法

情緒是你認知現實的產物，改變你認知，
也就同時改變情緒

除了前面幾篇討論的快樂情緒外，我們在工作與生活中，難免出現許多負面情緒，這時候，可以練習看看放下焦慮、生氣、壓力等負面情緒的自我書寫筆記。

有一些朋友會練習寫所謂的「情緒日記」，這來自於我們在第一章提過的「認知心理學」，你如何認知這個世界，你就會產生什麼情緒，採取什麼態度，所以有時候我們不一定要抑制情緒，而是要改變認知。這也是我們強調「筆記」與「思考」並重的原因，因為有了思考，就可以改變行為。

「認知行為治療」就是這樣，他比起探究潛意識更關注於改變行為，利用有效的問題機制協助妳自我發現，並進行調整。在非疾病的負面情緒中，我們常常可以透過自我追問，來讓我們認識自己現在的情緒，並且透過提問重新建立認知，進而改變自己的心情。

當我情緒低落時，我就會利用追問自己為什麼有這個情緒？我覺得成因是什麼？我認為可以怎麼改變？把這些自我追問寫在筆記中，真的可以達到調整情緒的效果，或者說起碼可以讓我的情緒不再成為強大的干擾。

■ 轉換心情筆記的三個階段

「轉換心情」筆記有三個階段：

✓ 捕捉情緒
✓ 確認情緒
✓ 改變情緒

是的，正是我們關鍵三個筆記原則的變體：

✓ 為什麼會這樣？
✓ 我是怎麼想的？
✓ 我想要變成怎麼樣？

透過三個步驟，循序漸進的思考、追問自己，讓你最終獲得調整情緒的目標。

不過要先特別說明的是，我並非心理治療師，這裡的方法也不是醫學治療，沒辦法治療特定疾病，這只是我們一般個人可以使用的自我認識方法而已。

轉換心情筆記

● 第一階段：看見並捕捉你的情緒

○ 我現在的心情是什麼狀態？

○ 這個心情狀態的強度我給幾分？

○ 現在發生什麼事？

○ 我心中真正想的是什麼？

○ 在什麼時間點有這樣的心情？

○ 在什麼地方有這樣的心情？

● 第二階段：再確認一次情緒

○ 休息幾分鐘後，回頭看一次第一回合
  的筆記。

○ 假設自己是局外人，我會跟剛剛擁有
  這個心情的人說什麼？

● 第三階段：調整情緒

○ 自我回饋後，現在我的心情如何？

○ 我的心情強度幾分？

■ 第一階段：看見並捕捉你的情緒

首先第一個回合，當發現自己有不一樣的情緒時，可能是悲傷、焦慮、生氣、有壓力，也可能是很快樂、很放鬆，總之這個情緒和平常有點不同，就立刻開始捕捉他。

這時候，可以問自己下面幾個問題，並寫到筆記中：

- 我現在的心情是什麼狀態？
- 這個心情狀態的強度我給幾分？（1~5 分）
- 現在發生什麼事？
- 我心中真正想的是什麼？
- 在什麼時間點有這樣的心情？
- 在什麼地方有這樣的心情？

我試著用一個範例回答給大家看：

- 我現在的心情是什麼狀態？焦慮。
- 這個心情狀態的強度我給幾分？4 分（表示有強度）。
- 現在發生什麼事？我想寫一篇情緒管理文章。
- 我心中真正想的是什麼？我不確定讀者想不想看，不確定自己寫的專不專業。
- 在什麼時間點有這樣的心情？2017/9/1 早上。
- 在什麼地方有這樣的心情？家裡。

我在實做的經驗中，這幾個問題可以帶來下面的效果。

我現在的心情是什麼狀態？

練習用關鍵字來描述你的情緒，有助於你慢慢學會怎麼看待自己現在的心情，學會將情緒歸納為焦慮、壓力、生氣、失望、懊惱，你看的就不再是一團混亂的心情，而開始理出頭緒。

這個心情狀態的強度我給幾分？

練習讓自己評斷這個情緒是輕微的還是非常強大的，是我可以輕易放下就好，還是必須專注處理，避免只是因為輕微的情緒而擾亂自己。

現在發生什麼事？

練習看見自己的心情與發生的事情之間的關係，學會不要只看見心情，也看見事情，從事情上去處理心情，避免只看見生氣這個情緒於是跟自己或他人落入在情緒上爭執。

我心中真正想的是什麼？

練習從單純的心情跳出，描述自己心中現在正在想的是哪些想法，把這些想法一一寫出來，有助於看見情緒背後的思緒，也就看見影響情緒真正的因子。

在什麼時間點有這樣的心情？在什麼地方有這樣的心情？

一方面記錄時間地點，達到日記的效果。另一方面也可以練習看看時間與地點會不會是影響自己心情的因素，例如在辦公室特別焦慮？因為早晨的孤獨特別焦慮？

■ 第二階段：再確認一次情緒

寫完第一個回合的「轉換心情筆記」後，可以休息幾分鐘，接著進入第二回合，在這個回合中只要做兩件事情：

• 休息幾分鐘後，回頭看一次第一回合的筆記。
• 假設自己是局外人，我會跟剛剛擁有這個心情的人說什麼？

第二回合是一個很有用的轉折，透過第一回合的記錄，讓我們先把情緒「放在筆記中」，這時候我們可以獲得部份的抽離，因為寫下來可以幫助大腦分割出這個原本在大腦中糾集的區塊。

然後我們假裝自己是第三者，如果有一天我要建議這個人去改變他的情緒，我可能會說什麼呢？延續前面的例子，我可能會說：

• 假設自己是局外人，你會跟剛剛擁有這個心情的人說什麼？寫完自己想寫的文章，你自己就會很開心，這時候如果讀者也覺得有用，那會讓你更開心，但不減損你原本寫完文章的成就感。

當事人不是我自己，我就可以放下情緒，去看到第一回合記錄下來的具體事情，於是可以在這些事情上嘗試解決問題。

■ 第三階段：調整情緒

當然，這不是神奇的方法，所以不可能寫完第二回合的筆記後，我的心情就真的完全豁然開朗了。但這會是有用的方法，所以雖然不會完全解脫，卻一定可以達到部份的改進。

　　所以「轉換心情筆記」的第三回合就是問自己最後兩個問題：

- 自我回饋後，現在我的心情如何？
- 我的心情強度幾分？

　　如果延續我前面的例子，我的回答就是：

- 自我回饋後，現在我的心情如何？我覺得起碼寫完文章我可以獲得自己的成就感。
- 我的心情強度幾分？焦慮 1 分。

　　這就是「轉換心情筆記」，他的關鍵在於，確實地去面對現實，了解自己內心的想法，並創造自己想要變成的認知。

4-10 相信自己可以改變

愛做筆記的人，一定是相信自己
總是有最佳化下一步的可能

我們即將進入這本書的最後階段，在前面許多的筆記思考、方法後，或許有些朋友會疑惑，有需要這麼認真嗎？

當然，研究一個「更好的」工作方法，需要去嘗試各種可能性，去思考自己的需求，去配套一個工作系統，絕對不能說輕鬆。但是不是累呢？所謂的累，包含壓力、無趣、挫折等等的情緒，但找到更佳工作方法反而不會有這些情緒，而是帶來成就、舒適、減壓、有趣的「更不會累」的能量。

甚至在找到一個更好的工作方式之後，說不定可以幫你打開另一扇窗，幫你找回一些原本失去的、失望的東西。

這樣的態度，我也不只用在我對工作方法、筆記方法的研究上，我也同時應用在自己的生活中。或者說，這是一個人生的統一態度，這個態度的價值觀是：

養成「可以改變」的習慣，是最好的習慣。

相信任何事情都還有可能因為改變而變得更好，所以我們值得去改變，不需要放棄，並且不用困於目前的現實煩惱中。而這也是我做筆記所追求的意義。

■ 你不一定能改變現實，但可以最佳化你的行動

無論面對工作或生活，我們總是還有最佳化下一步行動的空間，而且這些改變可以讓我們更好一點，甚至有時候一切都可以變得好很多。

我的生活上就發生過一個這樣的故事。

原本是大眾運輸通勤族的我，因為老婆生產、小孩誕生，變成一個每天要開車上下班的「塞車族」。我每天早上要開車從基隆送老婆去台北上班，然後繼續開車到自己上班的公司，於是每天早上都起碼要在高速公路上體驗塞車一個半小時的車程。

一開始，這個現實情況確實把我的早上高品質生活破壞了，早上出門後就是把所有時間都花在開車。

但是，外在現實情況無法立即改變，可是我有沒有辦法透過調整自己的行動，來最佳化這個流程呢？下面就是我和老婆一步步最佳化這個生活現實的過程。

■ 相信改變的可能性

原本，我是經過高速公路的塞車陣，送老婆到她的公司後，繼續在台北早上的塞車陣中，直到開車到我公司附近的停車場為止。於是我們就想，有沒有可能避開第二個塞車陣呢？當然不可能讓台北不塞

車，而是我把車子停在老婆公司附近，然後搭捷運到我自己的公司。

結果這樣一測試，發現可以大概省下 10 分鐘的時間。

開車到老婆公司，再開車到自己公司，這是最正常的想法。可是如果覺得任何事情都可以改變，就會想去試試看不同選擇，嘗試前也不一定知道有沒有效，但有可能試過之後，發現效果比想像還要顯著。

因為這樣一來，我不僅省下早上 10 分鐘時間，下班後，我不用在台北市內下班車潮繼續塞車去載老婆，先搭捷運，又可以再省 10 分鐘。

■ 改變，是連續發生的

不過這只是我們最佳化生活的第一步行動。

接著要從基隆開車到台北市中心，原本走國道 1 號是最直覺的，因為看起來是直直的路線。但是，每次早上開 Google 地圖導航時，Google 地圖總是喜歡叫我走國道 3 號到台北，然後換信義快速道路切入市區，這在地圖上看起來要繞好大一段路，可是 Google 又常常說可以快 10 分鐘。

一開始，「安於習慣」與「懶於改變」的本能，讓我從來沒有想要去照著 Google 地圖建議走（即使我是那麼慣用 Google 地圖！）。

> *我們是不是常常這樣？別人建議我們可以試試看什麼改變，也不過就是「試試看」，但我們卻一開始就認為不可能改變？*

可是後來想說，既然做了前一步最佳化，不如就試幾次看看，試試看改走繞路但比較不塞車的國道 3 號是不是真的比較快？沒有其實也沒損失啊？於是我記錄了原本走國一的時間，然後計算了幾次走國三的時間（對，也不能隨便試試，要認真嘗試才能知道是不是真的有最佳化）。發現平均下來，真的起碼可以快上 10 分鐘。

這又是一個原本違反我們直覺，但嘗試改變與測試後，發現還是可以最佳化。

而且跟前面一樣，這個最佳化依然帶來另外一個我原本沒有想到的效果！就是我原本是接送老婆先到她公司門口附近，然後我再繞個巷子開車到附近停車場。

可是當改走國 3 省下 10 分鐘後，我們就想說，這樣會不會有空檔可以一起去附近吃早餐？因為決定要下車後一起吃早餐，我就不用先送老婆到她公司門口，而是我們直接開車到停車場停車即可，這樣又比原本省了 5 分鐘。

■ 現實不變，但行為可變

於是，在最佳化了停車的地點、最佳化了路線，又最佳化了停車的流程，三個步驟加起來，居然省下了 25 分鐘的時間。

> **如果一開始沒有改變，後面的連鎖改變也不會發生，就無法產生真正的改變。**

而老婆和我利用這 25 分鐘，現在每天早上開車到台北後，都先一起找家咖啡店，吃個舒適的早餐，聊聊孩子聊聊生活，然後才各自去上班。

老婆和我也都覺得，這樣的一系列最佳化後，早上出門時間沒變，上班時間沒變，塞車情況也沒變，只有「我們的行動方式」改變了，但是生活品質與幸福感卻大幅度的提昇。

■ 尋找另一個更好的可能性

如果說，一開始我陷入這樣的思考：「天啊！塞車開車好痛苦，每天都要浪費一個半小時，並且這是無法改變的。」那麼或許真的只能等塞車問題解決後（當然，解決外在環境社會問題也是非常重要的），我的生活效率或感受才會提昇。

但是如果我可以想：「塞車開車好痛苦，看起來短期內難以改變，我把他當作一個挑戰，看看有沒有可能最佳化自己的行動流程，找出裡面另一個更好的可能性呢？」

是的，這就是我在前面提過的，自我和諧的目標，也是提升幸福感水平的方法。

這樣的思考與行動模式，如果轉化成可以套用到其他問題的「元經驗模型」，那麼就是：

✓ 常常檢視自己的習慣、行為模式
✓ 找出裡面其他可能性
✓ 用行動去「實驗」這些可能性
✓ 把更好的、獲得確認的可能性，變成自己的新行動
✓ 最後會發現自己原本沒有發現的新世界

　　我認為最關鍵的步驟是「用行動去實驗這些可能性」，所謂「實驗」，就是我並不是確知他會更好才去做，而是願意嘗試各種假說。

　　這個行動的價值就在於，在我還不知道有沒有可能更好，我甚至不知道怎麼樣會更好的情況底下，我都願意實驗看看！而實驗後才有機會發現我原本沒有想像到的作法。

■ 相信改變，幸福就會長大

　　這是一個正向循環的流程，因為一開始我相信有可能改變，嘗試後發現大多時候真的可以改變，於是又更堅信任何事情都可能有最佳化的下一步行動。

　　這不就是我這章節一開始說的：「提升了你的幸福水平線」了嗎？

　　生活現實，總是還有最佳化下一步行動的空間。雖然我還不知道那是什麼，但我願意試試看。

> ### *最好的自信，就是相信自己還有改變的空間。*

　　相信自己還有不知道的地方，所以不會被大多數現狀擊倒，因為我知道我還可以試試看其他可能性，或是一定還可以找到更好一點的答案。

　　或許這樣的自信，就能幫助我們渡過生活或工作現實大多階段的難關，無論進入哪一個現實中，總是能找到方法與步驟，去做到讓自己覺得更好的行動。

4-11 每日不一樣的練習筆記

改變不是為了要解決問題，而是要讓自己的快樂長大

　　「快樂」是一種很棒的情緒，這種情緒混合著對現狀滿意但又新鮮、放鬆但又好玩、安心但又有挑戰的狀態，讓緊繃或疲乏的工作神經可以重新具備彈性，讓看自己看生活的眼睛更清澈明亮，每天生活中都「創造」一點快樂情緒，我覺得是很重要的。

　　我有一個生活裡的快樂小技巧可以跟大家分享，這個小技巧就是：「連續 21 天的不一樣練習」。

　　不快樂，有時候是（或者常常是）明明沒有大挫折，但心裡就是空空的，就是快樂不起來，做什麼事情也都沒有動力，找不到生活中的「快樂因子」，那麼快樂因子是什麼？有沒有辦法自己創造呢？

　　這時候，特別適合試試看「不一樣練習」，把每天不一樣的嘗試筆記下來，他不只可以幫你自己找回快樂，也可以幫你身邊的人一起找回快樂。

■ 一個不一樣練習的故事

　　讓我先從一個真實發生的故事說起。

老婆和我結婚前，有一次我就邀請她跟我一起做這個練習，我說：「我們來試試看，連續 21 天約會，每天都吃不一樣的餐廳。」那時候我們每天下班都會一起約在台北市府轉運站，那裡是方便我們各自搭車回家的地方，我們會在回家前一起吃個晚餐聊聊天，但約會日常化後，難免開始有點一成不變。

於是我提議，我們來試試看連續21天的約會都要吃不一樣的東西，那時候的女友現在的老婆說：「好像蠻有趣的，但有那麼多餐廳可以吃嗎？」我說：「就是要挑戰看看，或許有很多我們沒想到的選擇。」

於是這個 21 天吃不一樣餐廳的計畫開始了，前幾天，我們還是先到習慣的麵店、自助餐店、拉麵館、速食店解決晚餐，但接下來可不能再重複了。於是我開始有時上 Google 地圖隨機搜尋到一家附近餐館，或是直接走進巷子裡挑戰之前沒進去過的店家。

然後我認真把每一天不一樣的練習，全部都筆記下來，下面就是那一年我們挑戰結束後，我記錄下來的餐廳清單：

7/11 麵工坊：北歐牛肉丸番茄筆管麵
7/12 基隆仁愛市場加園壽司
7/13 杏子日式豬排：剛好遇到沒人時段
7/14 晚餐：君悅排骨捷運市府店
7/15 晚餐：江家黃牛肉麵 + 永和豆漿
7/16 晚餐：德饌火鍋
7/17 晚餐：郭老師台灣食堂
7/18 午餐：白舍愛琴海
7/19 晚餐：肉羹麵
7/20 晚餐：Le Coin Du Pain 擴邦麵包

7/21 晚餐：上海市牛肉麵水餃

7/22 晚餐：薄多義 Bite 2 Eat

7/23 颱風天在家吃飯

7/24 晚餐：京都祇園門扇烏龍麵

7/25 晚餐：家家牛排

7/26 晚餐：築火鍋

7/27 午餐：咖啡護照

7/28 晚餐：韓式料理

7/29 晚餐：巢鴨壽司

7/30 晚餐：三田製麵所

7/31 晚餐：大戶屋

　　一開始我們是「強迫自己要做不一樣的選擇」，但漸漸的我發現在這樣的自我強迫中，有些真的不一樣的東西出現了。

■ 強迫不一樣的新發現

　　我們發現，其實真的有很多豐富的選擇「已經存在」在看似一成不變的生活中，只是我們容易被平常的慣性（猶豫不決時容易選擇習慣的餐廳），或是外在條件的擔心害怕（沒吃過會不會不好吃？沒看到評價不知道好不好吃？），而掉入了選擇的侷限，但重複而侷限的選擇讓我們更對生活失去動力，也失去快樂。

　　因為有了預設 21 天要做不一樣選擇的目標，原本看起來像是例行公事的事情，也每一天都有新的動機（找不一樣的餐廳）去做一樣的事（吃晚餐），這讓原本重複的事情變得更快樂。

對生活不再猶豫與隨便，而是嘗試做決定、找挑戰，這是件讓人快樂的事情。

當強迫去做不一樣的選擇時，生活中的疲乏會消除，並且累積微小但有效的成就感。

增強自己可以改變的信心，雖然只是生活中嘗試不一樣的小事，但是卻能累積「我可以改變自己狀態」的經驗值，誰說晚餐只能一成不變？或許只是我沒有用心找？沒有嘗試去挑戰而已？這樣之後遇到其他事情時，也會更容易產生我可以翻轉的信念，而這樣的信念幫助我們快樂的去面對一件事情。

而且這樣做，還能體會用心觀察的樂趣，因為每天不一樣讓我們更好奇想要去觀察，每一天的不一樣都會有很多值得記錄的東西，這可以幫助我們打破慣性過生活時隨便的態度，重新用放大鏡去檢視生活中的細節，體會發現更多驚喜的快樂。

不是過生活，而是要讓生活變成「探索發現」，發現就會快樂。透過不一樣的練習，可以體會到有太多值得「發現」的樂趣，只要我們願意去試試看。

■ 事情不會讓你快樂，你的行動才會

沒有事情本身是快樂滿足的，快樂滿足跟我們賦予事情的行動有關，而持續做不一樣的小事情，這個行動就會讓人快樂滿足，因為他們具備上述的「快樂因子」。

而且那一次的「連續 21 天吃不一樣餐廳實驗」，帶給我和老婆相

處上很大的影響，我們現在結婚後也常常在生活中嘗試不同的「21天不一樣實驗」，例如：

- 每天不一樣的運動：做不同的小動作
- 每天做一杯不一樣的飲料
- 每天走不一樣的散步路線
- 每天閱讀一本不一樣的書

或者你也可以嘗試自己跟自己做不一樣練習，例如：

- 每天想一個新點子
- 每天寫下對身邊一個不同的人的描述
- 每天寫下一件會讓自己開心的事

老婆和我都發現這讓生活可以一直保持樂趣，也讓自己每天都帶著一點期待，有了期待，就更容易保持快樂情緒。

在這樣的「不一樣」挑戰任務裡，可以帶來下面這些快樂因子，幫助我們每一天維持快樂的情緒：

- 新動機：你需要更多的動機來驅動行動才會快樂。
- 選擇力：有選擇讓我們更放鬆安心。
- 成就感：完成不一樣的事可以累積滿意度。
- 自信心：「可以改變」這件事，讓我們更願意接受自己。
- 發現力：發現世界的變化讓事情更好玩。

4-12 快樂並投入的筆記方法

筆記可以幫你投入,而 100% 投入就是所謂的快樂狀態

　　我以前曾經「很享受通勤時間」,那時候我每天搭乘大眾運輸上下班長達三個小時,可能很多人覺得難受,我卻覺得這是最棒的零碎時間,可以讓我專注處理很多事情。當時我認為這三小時是讓自己每天更快樂的神聖時間,那時候最常利用來做兩件事,第一件事是專心寫好電腦玩物文章的草稿,第二件事是專心準備那一天工作上的簡報或會議。

　　那時候我覺得因為自己有效率地利用了時間,讓這一天的工作有一個順利的起頭,甚至幫這天的工作做好準備,所以才感覺到充分的快樂,而且這個快樂的情緒甚至可以蔓延一整天,還能抵銷工作上的各種挫折難過。

　　不過後來,我也發現快樂的秘密,其實不在於我在時間裡做了很多事,也不是故意去做很多快樂的事,真正的快樂,在於一些更隱秘但重要的心理狀態。

　　這個重新發現的過程,來自於最近一年。因為老婆懷孕到開始照顧新生小孩,我從大眾運輸通勤族,變成開車通勤族。一開始,從時間利用的角度思考,我認為「完蛋了」,以前那三個小時的通勤神聖時

間，現在要開車，什麼都不能做，沒辦法寫文章草稿、準備簡報、處理今日計畫，時間都被開車佔用，我的效率和快樂一定會降低！

經過了一年，我發現每天開車通勤沒有造成我的焦慮，但我也沒有像以前搭公車一樣去完成很多任務，那麼我是做了什麼呢？我只做了下面兩件事：

• 認真觀察路上每天一樣但又不一樣的風景變化、車輛互動，不是用批評的心情去罵路況，而是專心看著裡面的人性、社會與現象，想著這樣的現象我應該如何應對。
• 專心和坐在副駕駛座的老婆聊天，討論小孩的最近生活，聊聊彼此的工作生活想法，說說有趣的事情。

但是很神奇的，雖然沒有高效率的產出，但是我跟以前搭公車時一樣覺得快樂與滿足，這裡面的關鍵相同點到底是什麼呢？

■ 專注而投入，就是快樂

我以前以為快樂是因為時間被我有效的利用了，但後來我發現：快樂其實是因為「專注且投入當下」，於是無論我這段時間做什麼，我都覺得滿足。

以前我利用搭大眾運輸的時間寫部落格文章草稿，我會寫得很投入，寫到忘我，過了一個多小時到站後，無論寫了多少，都覺得剛剛那段時間很滿足。

現在我開車時仔細觀察著風景，或是和老婆用心聊天，這段時間我沒有去想其他事，也沒去想還沒做完的任務，沒去想還沒解決的煩惱，我發現我一樣可以很投入並忘我，而當停好車後，我居然也覺得剛剛那段時間是很快樂滿足的。

或者可以換句話說：

「專注且投入當下」才是真正的高效率定義。

無論這段時間我做了什麼，只要我能進入忘我狀態，感覺自己 100% 投入時間中，我都覺得有高效率的產出。

這也解釋了為什麼為了追求有價值的事情、追求成功、追求「以後我想變得怎麼樣」的行動，不一定能帶給我們快樂，反而常常帶給我們更大的煩惱。不是說這些不重要，這些目標當然是重要的，但如果只想著未來還有哪些目標，而沒有投入到當下的行動，那麼會因為還有目標沒完成而不快樂。

而我們永遠都會有目標還沒完成！永遠都會在成功之後還有下一個成功可以追求！那不就永遠都不會快樂了？

因此，不只是快樂的方法，也是追求的真正高效率的核心，那就是：專注且投入到當下。

那麼，要專注而投入當下，有什麼方法，可以讓我 100% 投入時間中呢？這裡就跟筆記方法很有關係。

■ 積極選擇，充分執行

「投入」表示投入到某件事情上，這件事情可能是放空感受大自然，關注眼前的家人與活動，也可能是完成一篇文章。不只是活著，而且是「積極的選擇」、「充分的執行」一個可以讓自己滿足的行動，不留遺憾。

我對「投入」的解讀就是「積極的選擇」、「充分的執行」。

但是即使「我知道」今天早上要跟老婆一起好好照顧我們新生的小 Baby，但是明天有一個挑戰難度很高的課程講座，今天這個早上，我如何能充分地投入當下，選擇享受照顧孩子的時光，而心中不會覺得焦慮（或者說完全不焦慮不可能，但不會太過焦慮）呢？

知道要「投入時間當下」，如何在自己的工作與生活中真正做到呢？並非用想的就可以做到，因為有太多「讓人不投入」的誘因充斥在我們的四周，因此只依靠感性沒有用，還要搭配「理性的技術」來提升自己做到的成功機率。

下面就是我對如何「快樂並投入當下」的實踐技巧。

■ 練習「拿起再放下」不投入的想法

要完全屏除對未來的焦慮與雜念，我覺得是很難做到的，除非是修行者，要不然一般人很難心無雜念。我自己也是這樣，即使跟著老婆旅行途中，知道要享受眼前美景，可是腦袋總是不聽話的想到各種未來的擔心想法，而如果這時候鑽著牛角尖思索下去，就會失去專注。

但強迫自己不想也不行，反而愈是強迫自己不想，想的可能愈多！

所以我的方法很簡單，既然沒辦法不想，那就想吧！但是要這樣想：「輕輕拿起，立刻放下。」

不是不想，而是一有讓我無法投入當下的雜念出現，我就拿起筆記錄他，不要讓雜念在腦袋裡轉圈圈，而是將它「寫下來」，寫下來的同時也就是從大腦內拿起，在紙上放下。

很有效，當我不是想著他，而是「看著他」時，就相對不會繼續亂想，這是我自己克服不投入雜念常常使用的方法。

■ 避免認知負擔，事先列出具體而當下可行的行動

什麼是「認知負擔」？我到了一個情境，但是對這個情境要做些什麼行動，腦袋裡沒有想法。我準備做一件事，但是對於這件事的步驟我還需要理清自己的想法，我還沒有計劃。這時候，就產生了「認知負擔」，產生了我還要想一想的疑慮，而一想下去，就會想東想西，無法投入當下的執行。

所以我的方法很簡單，為每個情境找出這個當下具體可行的行動，**為每件事列出他可以立即執行不用再想一想的步驟。然後，立刻投入去做。**

但是最棒的一點是，一個行動會引發後續的連鎖行動。延伸了具體步驟後我又想到幾個案例，想了幾個案例後我又想到標題，想到標題後發現可以開啟寫第一段了。

只是如果沒有「一開始那個具體而當下可行的行動」，我們就無法打開投入的鑰匙！因為有認知負擔的行動會阻礙我們的投入。

■ 事先做好計劃，把會讓你焦慮的未來事情排入計畫

可是事情沒有那麼簡單，人生中有一些責任重大且挑戰很高的專案，這些專案需要長時間完成，可是現在做不完，就會累積著面對未來的壓力。但問題是現在就是不可能完成啊？而這樣的焦慮如果不排除，很難安心地投入當下的其他行動，總會想著「哎！那件事情要怎麼辦？」

這時候要怎麼做呢？我的方法很簡單，就是「讓自己知道要怎麼辦，不就好了嗎？」

什麼是「讓自己知道要怎麼辦？」這時候我會搭配自己的第一個技

巧「拿起再放下」，然後把那些放下的未來焦慮與雜念，排入未來逐步要去執行的計畫中，這時候「我的焦慮已經有了計劃」，我便可以大幅度地減輕焦慮。

之前之所以對未來焦慮，那是因為焦慮歸焦慮，我們卻毫無計畫，只是讓焦慮自己在腦袋蔓延。但是如果我知道一個月後那個很難的專案，我就是下個禮拜要做 A，下下禮拜要做 B，係下下禮拜再做 C，那我現在還要焦慮什麼呢？因為已經知道要怎麼辦，也就照計劃做而已。

相反的，如果沒有計劃，那就更容易隨時隨地對不確定的未來，產生無法投入當下的焦慮。

運用這些簡單可實踐的筆記技巧，享受投入的感覺，你會發現可以完成更多有價值的事情，並且又更快樂的享受人生。

而這就是我想跟大家分享的，筆記方法的終極價值。

創造可能，改變人生

只要創造新的行動可能性，即使只是一點點的改變，都和不改變有巨大差別

　　這本書，在這裡將進入尾聲。經由前面的 40 多篇文章，四大章節的架構，呼應我在序言裡所說的，我們在學習一個可以改變人生的筆記方法。

　　而這個改變人生的筆記方法，由四個章節所架構起來：

筆記技巧	思考的方法	筆記的核心，在於我們如何思考現實的方式，而改變思考，就能改變現實的可能性。
筆記整理	整理的方法	筆記的目的，在產生行動，所以在整理時就要以行動為方向。
時間筆記	選擇的方法	筆記的行動要有效，關鍵在於我們做出有效的選擇，在新的思考下，產生更有價值的行動。
人生筆記	反省的方法	行動又回到筆記上進行累積，在一次次的反省中，創造下一次思考所需要的改變能量。

　　「思考、整理、選擇、反省」這四個流程，就是筆記的四個主要過程，循環往復，最後的反省，也會影響到一開始的思考改變。

如此一來，我希望達到的，不是一份一份只是記錄、複製的筆記，而是真正可以「創造改變」的筆記。

■ 創變筆記的三原則

如果只是複製的筆記，那就只是把混亂的、焦慮的現實，原封不動搬到筆記上，這樣的筆記只會增加壓力。

而我在書中不斷提到的「創變筆記」，則是希望可以利用筆記來改變我們對現實的思考，進而創造可以改變現實的行動。

「創變筆記」在我全書的第一篇提出後，也貫串全書成為每一個主要筆記方法的基本架構，在這裡讓我為各位讀者來做一個總整理。

創造改變的筆記，有三大原則：

1. 為什麼會這樣？

2. 我是怎麼想的？

3. 我想要變成怎麼樣？

這三個問題看似簡單，卻是我們常常在做筆記時忘記思考的問題。我們追求筆記的格式、美觀、技術，卻忘了去追問最核心最根本的價值所在。

所以在這本筆記思考術的書籍中，我就是從各種真實的資料整理、時間管理、任務筆記、經驗日記等筆記案例中，去追問這三個最關鍵的問題，從而創造一個可以改變人生的筆記內容。

而如果延伸對這三個關鍵問題的解釋，在全書裡出現的各種進一步思考，我將其整理成如下的表格，讓大家更好對照。

為什麼會這樣?	感知的筆記
我是怎麼想的?	認知的筆記
我想要變成怎麼樣?	行動的筆記
為什麼會這樣?	思考前因後果
我是怎麼想的?	重新創造你的認知世界
我想要變成怎麼樣?	想像你未來的具體目標和行動
為什麼會這樣?	清空大腦的雜事
我是怎麼想的?	給雜事不同權重與判斷
我想要變成怎麼樣?	拆解隨時可以立即行動的步驟
為什麼會這樣?	面對現實,瞭解現實
我是怎麼想的?	認知真實自我
我想要變成怎麼樣?	創造改變內外一致的行動
為什麼會這樣?	累積經驗
我是怎麼想的?	思考下一次想要如何更好
我想要變成怎麼樣?	對改變有信心、有期待、有行動

筆記,不是為了他人而做,而是為你自己而寫。筆記,不是現實的複製品,而是未來改變的可能性。希望這本書的筆記方法,也能真正為你帶來新的創造與改變。

【View 職場力】2AB941

電腦玩物站長的筆記思考術

作　　　者	電腦玩物站長	
責任編輯	黃鐘毅	
版面構成	江麗姿	
封面設計	黃聖凱（黃凱）	
行銷專員	辛政遠、楊惠潔	

總 編 輯	姚蜀芸
副 社 長	黃錫鉉
總 經 理	吳濱伶
發 行 人	何飛鵬
出　　版	創意市集

發　　行　城邦文化事業股份有限公司
　　　　　歡迎光臨城邦讀書花園
　　　　　網址：www.cite.com.tw

香港發行所　城邦（香港）出版集團有限公司
　　　　　　香港灣仔駱克道 193 號東超商業中心 1 樓
　　　　　　電話：(852) 25086231
　　　　　　傳真：(852) 25789337
　　　　　　E-mail：hkcite@biznetvigator.com

馬新發行所　城邦（馬新）出版集團
　　　　　　Cite (M) Sdn Bhd
　　　　　　41, Jalan Radin Anum, Bandar Baru Sri
　　　　　　Petaling, 57000 Kuala Lumpur, Malaysia.
　　　　　　電話：(603) 90578822
　　　　　　傳真：(603) 90576622
　　　　　　E-mail：cite@cite.com.my

印　　刷　凱林彩印股份有限公司
　　　　　2022 年 (民 111) 7 月 初版 10 刷
　　　　　Printed in Taiwan
定　　價　320 元

如何與我們聯絡：
1. 若您需要劃撥購書，請利用以下郵撥帳號：
郵撥帳號：19863813　戶名：書虫股份有限公司

2. 若書籍外觀有破損、缺頁、裝釘錯誤等不完整現
象，想要換書、退書，或您有大量購書的需求服務
都請與客服中心聯繫。
客戶服務中心
地址：10483 台北市中山區民生東路二段 141 號 B
服務電話：(02) 2500-7718、(02) 2500-7719
服務時間：週一至週五 9：30 ～ 18：00
24 小時傳真專線：(02) 2500-1990 ～ 3
E-mail：service@readingclub.com.tw

※ 詢問書籍問題前，請註明您所購買的書名及書
號，以及在哪一頁有問題，以便我們能加快處理速
度為您服務。

※ 我們的回答範圍，恕僅限書籍本身問題及內容撰
寫不清楚的地方，關於軟體、硬體本身的問題及衍
生的操作狀況，請向原廠商洽詢處理。

※ 廠商合作、作者投稿、讀者意見回饋，請至：
FB 粉絲團：http://www.facebook.com/InnoFair
Email 信箱：ifbook@hmg.com.tw

國家圖書館出版品預行編目資料

電腦玩物站長的筆記思考術 / 電腦玩物站長
著 .-- 初版 .-- 臺北市：電腦人文化出版：城
邦文化發行 , 民 107.1 面；　公分

　ISBN 978-986-199-482-6（平裝）
　1. 筆記法

019.2　　　　　　　　　　　　106018638